EL ARTE DE VENDER TU ARTE

Danilo Di Nuzzo

Copyright © 2020 Danilo Di Nuzzo
Panamá

EL ARTE DE VENDER TU ARTE
Por Danilo Di Nuzzo
2020
Todos los Derechos Reservados

Para trabajar con Danilo, escribir al correo:
danilo8@iol.it
IG: @el_arte_de_vender_tu_arte

Diseñado por Alexander Mendoza

ÍNDICE

INTRODUCCIÓN 7

CAPÍTULO 1 – SITUACIÓN ACTUAL 11
1.1 – ¿Por qué mis obras de arte no se venden como yo quisiera? 11
1.2 – ¿Qué es este libro y a qué cosa sirve? 13
1.3 – Soy artista y quiero ganar mucho dinero 16
1.4 – ¿Pero por qué todavía hay tantos artistas pobres en el mundo? 17
1.5 – ¿Eres un artista que ya vive exitosamente de su arte? 19
1.6 – Vender tus obras de arte, diferencias entre ayer y hoy 20
1.7 – Por qué tienes que ser un buen vendedor de tus obras 22
1.8 – Necesitas tu imagen y tu marca como artista 25
1.9 – El efecto multiplicador del valor de tus obras 25

CAPÍTULO 2 – PREPARA EL TERRENO 27
2.1 – Producción de un stock de 25-250 obras 27
2.2 – Crea tu página web. www.nombretuyo.com 32
2.3 – Imprime tarjetas de presentación 34
2.4 – Escribe un libro ilustrado 35
2.5 – Litografías e impresiones autografiadas de tus obras 37
2.6 – Crea tu página en Wikipedia 41
2.7 – Crea cuentas en las redes sociales 42
2.8 – Crea dos bases de datos 44
2.9 – Crea y firma certificados de autenticidad para tus obras 48
2.9 – Resumen de las acciones del segundo capítulo 49

CAPÍTULO 3 – PROMOCIÓN Y MERCADEO DE TUS OBRAS 51
3.1 – Escribir a las galerías de arte 51
3.2 – Publica tus obras en los Clasificados de arte online 53
3.3 – Publica tus obras en los clasificados genéricos online 54
3.4 – Pon a la venta tus obras en eBay 54
3.5 – Utiliza los influencers 55
3.6 – Utiliza los Bloggers 57
3.7 – Utiliza los YouTubers 58
3.8 – Contacta críticos de arte y periodistas 59

3.9 – Colabora con tus colegas artistas   61
3.10 – Intermediarios de arte   62
3.11 – Resumen de las acciones del tercer capítulo   63

CAPÍTULO 4 – VENTAS Y EVENTOS   65
4.1 – Vende en las Subastas   65
4.2 – Participa en concursos de arte   67
4.3 – Organiza exposiciones   68
4.4 – Participa en eventos culturales genéricos   70
4.5 – Recauda fondos para obras de beneficencia
  - Efecto multiplicador   72
4.6 – Cómo cobrar tus obras de arte   73
4.7 – ¿Cómo gano dinero mientras tanto que despego
  como artista?   79
4.8 – ¿En cuánto tiempo voy a obtener resultados?   82
4.9 – Resumen de las acciones del cuarto capítulo   83

CAPÍTULO 5 – RECOMENDACIONES Y COMPORTAMIENTOS   85
5.1 – ¿Por qué este capítulo?   85
5.2 – Hablando de tu ropa   86
5.3 – La actitud correcta   89
5.4 – Imagen que la gente quiere tener de ti   90
5.5 – Cómo mantenerte en contacto con clientes y seguidores   93
5.6 – Cómo manejar las críticas   96
5.7 – Tus obras en objetos, accesorios, gadgets. Pro y contra   100

CAPÍTULO 6 – CONSEJOS MOTIVADORES   103
6.1 – Busca inspiraciones   103
6.2 – Busca entrenadores que te ayuden a crecer   104
6.3 – Vende tus obras por los beneficios que traen
  y no por las características que tienen   105
6.4 – CONSEJOS   106

**CAPÍTULO 7 – CÓMO CREAR 104000 DÓLARES
DE OBRAS POR VENDER   115**

CAPÍTULO 8 – HISTORIAS MOTIVADORAS PARA ARTISTAS   119
El sueño de Walt   120
Vincent Van Gogh   121
En búsqueda de la felicidad   122

CONCLUSIÓN   125

C'e' una persona che riesce a motivarmi, ogni volta che ne ho bisogno. Ci riesce sempre, anche a diecimila chilometri di distanza. E' riuscita ad incoraggiarmi a scrivere questo libro anche senza sapere che lo stessi scrivendo. Dedico questo lavoro alla piu' bella opera d'arte che io abbia mai potuto ammirare:

MIA MADRE.

Hay una persona que me motiva, cada vez que lo necesito. Siempre lo logra, así esté a diez mil kilómetros de distancia. Ella logró motivarme a escribir este libro sin saber que ya lo estaba escribiendo. Dedico este trabajo a la más bonita obra de arte que haya podido admirar:

MI MADRE.

INTRODUCCIÓN

Si eres un artista y decidiste que quieres vivir dedicándote al arte, es mejor que tengas bien claro un concepto básico, sobre el cual debes construir tu carrera profesional. Vivir del arte significa producir obras para venderlas a clientes. Funciona igual para cualquier empresa que produce un bien y gana dinero vendiéndolo. Si tú eres un artista, seguramente estarás mucho más preparado en temas relacionados con el arte que con estrategias comerciales de venta. Para simplificarte lo más posible la asimilación de este concepto y la ejecución del plan de acción, voy a dividir tu trabajo en dos categorías principales: PRODUCCIÓN y VENTA.

Para una correcta PRODUCCIÓN de obras de arte hay varias subcategorías de cosas en las cuales tienes que trabajar como artista: técnica artística, material, inspiración, motivación, optimización y todo lo que es relacionado a tu trabajo. Sobre este tema no puedo ayudarte porque no soy artista ni profesor de arte. No estoy capacitado para ningún tema relacionado con la producción artística. Si necesitas ayuda en este campo, hay muchos mentores que pueden ayudarte a ser más creativo, productivo e innovador en la creación de obras.

Para la correcta comercialización y VENTA de tus obras de arte, resumí el plan de acción en este libro. Algunos párrafos contienen conceptos que están a la base de cualquier estrategia comercial, y que funcionan para cada tipo de venta sin importar cuál sea el producto. Otros párrafos hablan de estrategias muy específicas que solamente funcionan en el caso de comercio de obras de arte.

Tienes que entender que no existe artista exitoso que haya descuidado una de estas dos categorías. El éxito no llega por suerte. El éxito es el resultado de una serie de estrategias y acciones que son ejecutadas con disciplina y constancia. Concéntrate en planificar adecuadamente la producción de tus obras, trabaja en mejorar tus estrategias de venta, y verás que tus obras encontrarán compradores, como lógica consecuencia de un plan de acción bien realizado. Recuerda que la cosecha llega solamente después de haber arado, sembrado y cuidado un terreno. Si saltas alguno de estos pasos, la cosecha de los frutos no va a llegar nunca. Si eres un artista y quieres vivir de tu arte, tienes que hacer lo mismo que hace cualquier empresa exitosa: crear productos acorde una marca o estilo establecido y venderlos al mejor precio. Si tus estrategias comerciales son malas, tus ventas serán bajas y esto desencadenará problemas económicos, estrés, depresión, falta de motivación y de entusiasmo. Todo esto afectará tu motivación e inspiración para producir más obras de arte, y como consecuencia tendrás pocas o malas obras por vender. Es como un gato que se muerde la cola y al final tú terminas abandonando el sueño de vivir de tu arte para buscar un trabajo que no te gusta.

Si aprendes a vender tus obras de arte, podrás mantenerte y vivir ganando dinero con lo que realmente te gusta: SER ARTISTA.

Se puede vivir una vida económicamente estable, con los frutos de tu arte. Aprende cómo hacer y aplícalo a tu vida. Podrás empezar 1 minuto después de haber terminado este libro.

Ánimo y Disfruta la lectura.

CAPÍTULO 1

SITUACIÓN ACTUAL

1.1 - ¿Por qué mis obras de arte no se venden como yo quisiera?

Si no encuentras compradores para tus obras de arte, significa que no las estás vendiendo de la forma correcta. Puedes incluso intentar bajarle el precio y te darás cuenta que no va a servir de nada.

¿Por qué? La respuesta es que te falta un plan de acción y una estrategia diseñada a medida para tu tipo de arte. Cada artista que vive con los ingresos de su trabajo, antes se dedicó a construir su estilo que lo diferencia de los demás y que marca todas sus obras. Gracias a esta marca, la gente te aprecia y reconoce que una obra es tuya, sin leer la firma. Si logras que esto suceda, significa que ya has puesto una base sólida sobre la cual construir tu carrera profesional. Una vez que lo hayas hecho, puedes proceder a trabajar en el lado comercial y construir TU EMPRESA COMO ARTISTA.

Sí, porque si quieres vivir de los ingresos de tu arte, hay que cuidar muy bien el lado comercial de tu profesión. Las ventas no van a llegar por si solas. Las obras de arte no se venden solamente porque son lindas, siempre necesitan alguien que sepa venderlas. Este alguien tiene que ser tú. Si no estás dispuesto a cuidar la comercialización de tu arte, probablemente tendrás muchas dificultades y no podrás vivir solamente de tu profesión. En los negocios nadie puede darse el lujo de crear buenos productos sin vendérselos a nadie. Para crear una obra, tienes que estar inspirado y técnicamente preparado, para venderla necesitas motivación y conocimientos sobre cómo hacerlo.

No te preocupes si crees que no eres un buen vendedor. Las técnicas de venta se aprenden fácilmente, solo tienes que estar consciente que necesitas hacerlo y dedicarte un poco a estudiarlas y aplicarlas. Las buenas obras de arte que se ponen a la venta de la forma correcta, van a encontrar compradores dispuestos a pagar lo que pidas por ella.

Tendrás de antemano que planificar estrategias de venta y marketing para tu perfil de artista y para tus bellas obras. Luego tendrás que pasar a la acción y ejecutarlas. Todos los artistas exitosos en su carrera profesional tienen algo en común: SIGUEN UN PLAN. ¡Ánimo y suerte con el tuyo!

1.2 - ¿Qué es este libro y a qué cosa sirve?

Escribí este libro motivado por el deseo de ayudar a los artistas a vender sus obras de arte. A pesar de lo importante que es la venta hoy en día, nadie enseña esto en las escuelas o en las academias. La falta de educación acerca de las ventas es un problema muy común que afecta todos los estudiantes que terminan sus carreras y entran en el mundo del trabajo. Muchos estudiantes que salen de la universidad y quieren trabajar como libre profesionales independientes, tienen que ser pasantes por un determinado tiempo y superar un examen que les habilita a una profesión especifica. Esta especialización les permite inscribirse a un colegio específico y ejercer legalmente su profesión como independiente. Adivina qué:

Nadie en ningún momento, desde la escuela primaria hasta el último curso de pasantía, les enseña CÓMO VENDER SUS PRODUCTOS O SERVICIOS.

Por ejemplo, un abogado independiente tendrá que ejercer su profesión vendiendo sus servicios a clientes privados. Su éxito y su estabilidad económica no dependerán solamente de las leyes que se conozca y de lo bien que trabaje, si no de cómo sabe venderse como profesional. Pero nunca nadie les enseña eso. Es así para todo tipo de profesión. Te enseñan cómo hacer bien las cosas pero no cómo venderlas. Parece absurdo, porque el dinero llega solamente cuando una venta está realizada. Pero en casi todos los estudios académicos que conozco, te enseñan cómo hacer las cosas pero no cómo monetizarlas. Es un engranaje de conocimiento muy importante el que falta para ser un profesional completo. Saber vender les permite a los profesionales monetizar sus habilidades adquiridas en la universidad. Crear cosas bonitas y saber cómo venderlas te asegura más éxito en la vida. Es por esto que nadie, cualquiera sea su profesión, puede darse el lujo de no saber vender.

Si eres un artista y quieres VIVIR DE TU ARTE tienes que aprender a vender tus obras. Generalmente entre los artistas hay una falta de conocimiento acerca de cómo vender, que les impide tener éxito o les obliga a vivir sacrificios que son realmente innecesarios. Hay artistas talentosos que tienen que renunciar al sueño de vivir de su arte, porque no logran vender. En la mayoría de los casos no venden porque no saben cómo hacerlo. Hacen una o varias cosas mal, y no logran vender lo suficiente para poder pagar sus gastos y vivir una vida estable económicamente. Es posible comercializar bien tus obras de arte si sigues un plan de venta y marketing apropiado. Esto vale para todos los productos. Incluso empresas como Ferrari, Coca cola y Apple, necesitan elaborar y ejecutar cuidadosamente un plan de acción para asegurar las ventas.

Este libro no tiene la finalidad de entretenerte como un romance o una novela. Representa una herramienta cuyo objetivo final es enseñarte cómo: GANAR DINERO Y VIVIR VENDIENDO TUS OBRAS DE ARTE.

Es para eso que traté de ser lo más claro y sintético posible, reduciendo a lo mínimo indispensable el número de páginas y de palabras que tienes que leer. Hubiera podido agrandarlo y enriquecerlo con capítulos y párrafos y no lo hice porque escogí solamente los contenidos que te ayudan a alcanzar tu sueño: VIVIR DE TU ARTE. Quiero llevarte del punto A al punto B utilizando el camino más corto y sin dar vueltas innecesarias. Recorté pedazos de textos lindos pero inútiles, que te hubieran quitado tiempo para leerlo, sin realmente servir a nada más que entretenerte. El mundo hoy en día anda a mil y nadie tiene tiempo que perder. Haz invertido dinero en este libro, e invertirás tiempo para leerlo. Lo has hecho para una sola finalidad, y yo no te haré perder ni un solo minuto más de lo que sea necesario. Disfruta la lectura y prepárate para el éxito como artista.

1.3 - Soy artista y quiero ganar mucho dinero

Hasta pocos años atrás, ser artista y vivir solamente de los frutos de ello, con buena probabilidad significaba tener una vida pobre y llena de dificultades económicas. Esto no significa que todos los artistas en el pasado fueron pobres, pero era así en la mayoría de los casos, incluso para los que eran muy buenos. Siempre hemos sido influenciados sobre nuestra forma de pensar acerca del ser artista. A veces los hemos asociados a personas adictas a alguna droga, a una vida modesta y a un estilo bohemio. De hecho, hay muchísimos ejemplos de artistas famosos que condujeron una vida exactamente así. Incluso grandes artistas del calibre de Modigliani, Van Gogh, Gauguin, vivieron una vida muy modesta a pesar de su gran talento artístico. Esta profesión significaba casi seguramente vivir una vida llena de dificultades y escasez económica. Generalmente era así porque la forma de ser artista y de vender las obras de arte, conducía directo a la pobreza. Excepto casos raros de algunos involucrados en trabajos para las iglesias, las familias reales, los nobles o los ricos, los demás vivían en pobreza extrema porque no sabían vender. De hecho, no tenían cómo poner a la venta sus obras de la forma adecuada. A veces ni siquiera podían frecuentar a las únicas personas que tenían la disponibilidad económica para poderles comprar obras. Pero hoy en día esto ha cambiado radicalmente gracias a la llegada de internet. Hoy un artista puede presentarse a todo el mundo, mostrar sus obras, ponerlas a la venta e incluso cobrarlas a distancia, a través de internet. Ser artista en el día de hoy tiene enormes ventajas sobre los artistas de los años pasados. ¿Qué hubiera sido de la vida de Vincent Van Gogh si hubiera tenido la posibilidad de mostrar su talento en Instagram y poner a la venta sus obras en internet?

No podemos decirlo con exactitud, pero sí sabemos que la combinación entre su talento artístico y la potencia de las herramientas y de los medios de comunicación de hoy, hubiera sido magnífica.

Si eres un artista talentoso, tienes que aprender a vender y a utilizar las herramientas modernas que tienes a disposición. Podrás ganar mucho dinero. Si quieres VIVIR DE TU ARTE, hoy es más fácil que nunca.

1.4 - ¿Pero por qué todavía hay tantos artistas pobres en el mundo?

La respuesta es muy simple. Porque no usan adecuadamente las herramientas que tienen a disposición. En muchos casos las ignoran totalmente, y es por eso que decidí escribir este libro. Un artista generalmente es una persona que quiere dedicar su tiempo, creatividad y fantasía a crear obras artísticas. Dejando completamente a un lado todo los otros aspectos tales como relaciones públicas, estrategias de marketing para su personaje, estrategias de venta para sus obras, y muchos más temas que detallaremos más adelante en los próximos capítulos.

Siguiendo paso a paso las instrucciones para aprender EL ARTE DE VENDER TU ARTE, podrás maximizar el potencial de venta de tus obras y construirte una profesión rentable como artista. Podrás vender muchas piezas en poco tiempo y al mejor precio para ti.

Si estás empezando a dar tus primeros pasos, yo sé que probablemente no estás ganando lo suficiente con tus obras de arte. A veces te sientes deprimido y desmotivado. Probablemente estés pensando que sería mejor dejar a un lado tu pasión para el arte y empezar a buscar un trabajo "normal". No lo hagas. Tienes que aprender a GANAR DINERO VENDIENDO TUS OBRAS DE ARTE.

Puedes empezar con una inversión muy baja, hay maneras económicas y efectivas, para poder mostrar tus obras de arte al mundo entero, y despertar el interés de la gente por ellas.

Yo no te hablaré de cómo tienes que producir obras de arte, tampoco de qué tipo de obras les gustan a las personas en el día de hoy. Este es un asunto que cada artista tiene que tratar con un mentor experto, decidiendo en base a sus características y capacidades. Cómo encontrar inspiración para crear obras y cómo mejorar técnicas, son temas que no trataré porque no estoy capacitado para eso. Amo el arte pero no soy un crítico ni un experto que pueda orientar un artista hacia cierto tipo de estilo que sea más comercial que otros. Si tienes talento artístico, si tus obras son técnicamente buenas y les gustan a la gente, esto dependerá de ti nada más. Si necesitas alimentar estos tipos de conocimientos te recomiendo acudir a la ayuda de un coach porque aquí no encontrarás lo que buscas.

Yo no puedo asegurarte que tus obras le gusten al mercado. Pero sí puedo garantizarte que hay un proceso que te va a permitir mostrarlas a todo el mundo y despertar el interés de la gente hacia ellas. Es un plan para crear una marca como artista, mercadearla oportunamente y venderla. Es muy fácil realizarlo siempre y cuando sigas los pasos con constancia y determinación.

1.5 – ¿Eres un artista que ya vive exitosamente de su arte?

Si eres un artista famoso, que ya está ganando buen dinero vendiendo obras de arte, seguramente has hecho muchas cosas de la forma correcta. Es obvio porque obtuviste buenos resultados y estos nunca llegan por casualidad. Para ti leer el ARTE DE VENDER TU ARTE significa de antemano confirmar cuáles son las cosas que te han funcionado y ayudado a obtener buenos resultados. Sobre esta merecida base de éxito que tienes como artista, ¿te preguntas si hay formas de incrementar tus ingresos?

A menos que tu nombre sea Fernando Botero, hay muchas cosas que podrían ayudarte a optimizar varios aspectos de TU EMPRESA COMO ARTISTA.

Puedes aprender a minimizar los gastos para la organización de eventos, aumentar aún más la visibilidad de tus obras, promocionar con más fuerza tu imagen como artista. Se trata de analizar tu perfil y descubrir cuáles son los puntos fuertes y cuáles los débiles. Nunca es tarde para aprender cosas nuevas y mejorar tus estrategias de venta para que GANES MAS DINERO con la venta de tus obras de arte.

1.6 - Vender tus obras de arte, diferencias entre ayer y hoy

La vida de los artistas en los años pasados era generalmente muy difícil. No había internet, smartphones o computadoras. Para mostrar una obra había que transportarla físicamente o en los años más recientes, fotografiarla. Eran las únicas maneras para mostrarle una pieza a los que estaban lejos. Es por esta razón que artistas del calibre de Van Gogh pudieron vender acaso una sola obra en toda su vida. Su arte era desconocido o poco comprendido, y por lo tanto no despertó el interés de los compradores. Hoy en día un artista con el talento de Vincent Van Gogh, que utilice internet apropiadamente junto a todas las mejores técnicas y estrategias de mercadeo, vendería muchas obras a precios muy caros. Sería un artista rico y feliz.

Todavía hay muchos artistas talentosos que son pobres o que viven una vida llena de sacrificios económicos. Esto sucede porque no conocen o no utilizan adecuadamente todas las herramientas que tienen a disposición para promocionar y vender sus creaciones. El mundo ha cambiado mucho, y juntos a el, la economía y las formas de generar ingresos. También los artistas han sido involucrados por estos cambios y tienen que actualizar su forma de ser artista hoy en día. Hay que aprender a utilizar las nuevas herramientas de venta para poder estar al paso con los tiempos. Las cuales no pueden aumentar tu talento artístico, ni la belleza de tus obras. Pero sí pueden aumentar exponencialmente la manera de mostrar al mundo quién eres tú, cuáles son tus obras y qué es lo que hay detrás de cada una de ellas. Esto es lo que les encanta a los potenciales compradores. Ver obras que le gusten y escuchar historias interesantes sobre ellas. Quieren ver que hay un gran personaje detrás de cada obra, enfocado en su trabajo y dirigido hacia el éxito. Solo así confiarán en que eres capaz de empujar tu talento hacia arriba y usarlo para crecer como artista junto a los precios de tus obras.

Sí, porque vamos a hablar claro: casi todos lo que invierten en arte lo hacen también pensando en el aspecto económico. Quizás muchos no esperan comprar un cuadro para revenderlo y ganar millones. Lo hacen porque le gusta y porque creen que su valor va a crecer con el tiempo. Jamás una persona compra un cuadro o una obra si está casi segura que su valor va a bajar o que el artista que lo realizó, es poco activo en el mercado.

Por esto tienes que crear una buena imagen del artista que eres, trazar un rumbo que recorrer, mantenerte activo en el camino y venderte bien a la gente. Así los compradores estarán interesados en ti como artista, en tu camino, y en tus obras de arte. Es la única manera que hay de venderlas bien y al mejor precio.

1.7 – Por qué tienes que ser un buen vendedor de tus obras

Si recién estás empezando en tu carrera de artista profesional, probablemente no estés ganando lo suficiente y necesites otra fuente de ingreso. Busca un trabajo o un emprendimiento que te genere entradas más estables y que te deje diariamente un tiempo para avanzar en tu carrera artística. Estarás más ocupado y cansado, pero seguramente menos estresado por temas económicos. De esta manera tendrás más tranquilidad e inspiración para producir obras de arte de calidad. Todos los pasos para aprender EL ARTE DE VENDER TU ARTE, los podrás seguir también si tienes otro trabajo y no puedes dedicarte al arte a tiempo completo.

Si trabajas con determinación y constancia las buenas ventas de tus obras van a llegar. No será por magia, será el resultado de tus acciones.

Factores como el precio de una obra de arte no son lo más importante o lo único que impulsa a comprarla. Lo que te va a llevar a tener éxito en la comercialización de tus obras de arte, serán solamente tu educación financiera, tu motivación y tu capacidad de vender.

Para mejorar tu educación financiera al igual que tu motivación personal, hay varios libros de mentores que han explicado este tema de manera muy simple y sintética.

Te enseñan cuáles son las mejores formas de pensar acerca del dinero, cuáles son las mejores maneras de utilizarlo y cómo mantenerte siempre motivado y determinado.

También te recomiendo leer e-books o escuchar audios de YouTube. Es una forma barata y eficaz que puedes utilizar con la misma frecuencia con la cual estarías entrenando tu cuerpo. La motivación es como la forma física, si no la entrenas se va a perder.

Para mejorar tu forma de vender y maximizar tus beneficios económicos, tienes que aprender EL ARTE DE VENDER TU ARTE. Tus obras encontrarán compradores en poco tiempo y al mejor precio.

1.8 – Necesitas tu imagen y tu marca como artista

Para ser un artista profesional, no es suficiente producir obras de arte, es necesario venderlas y ganar dinero con ellas. Tienes que crear una imagen de ti como artista, una marca profesional y mostrarle al mundo entero lo que haces. Tienes que existir en internet para que la gente que te aprecie, pueda seguirte constantemente y estar en contacto contigo. También tus obras tienen que estar expuestas en internet y puestas a la venta en varios sitios especializados. Actualmente lo primero que hace un potencial comprador cuando le gusta una obra tuya, es buscarte en internet. Si no te encuentra en Wikipedia, esperará encontrarte seguramente en alguna otra página tal como, galerías de arte virtuales, subastas online, periódicos online, concursos o redes sociales. Si tampoco te encuentran en alguno de estos sitios, probablemente tu obra no le interese como antes. Seguro va a querer comprarla al precio de un adorno doméstico y no al de una obra de arte. Vender tus obras de esta forma no creo que sea exactamente tu sueño. Si no existes en internet como artista, tus obras valen lo mismo que un simple objeto de decoración comprado en una tienda.

Si tu arte no está en internet, no existe. Si no existes como artista, tus obras valen solamente el precio del material y de tu mano de obra. En este caso eres un artesano y tendrás que cobrar como tal para tus productos.

Al contrario, si en internet hay una imagen de ti como artista, si eres activo en las redes sociales, si participas en todos los eventos culturales que puedas, y si pones en venta tus obras en la forma adecuada, las personas se acercarán a ti buscando al artista que eres. Obviamente querrán comprar tus obras al artista exitoso que representas, y no al artesano humilde que nadie conoce.

Es un proceso que empieza desde la creación de tu marca como artista y termina con las ventas exitosas de tus obras de arte. Puedes realizarlo poco a poco y empezar a ver los primeros resultados en algunos meses. Hacer lo correcto y hacerlo bien es lo único que garantiza los mejores resultados en la vida y en los negocios. Esto vale también para tu profesión de artista.

1.9 – El efecto multiplicador del valor de tus obras

Cuando un artista produce una obra de arte, utiliza una cierta cantidad de materiales y un determinado número de horas de su valioso tiempo. Si quiere ganar más dinero puede tratar de ahorrar comprando los materiales en una tienda más barata, y optimizar su trabajo para terminar una pieza en menos tiempo. Ambas formas son respetables y eficaces. Te recomiendo prestarle siempre atención a los costos de los materiales y al tiempo que te dediques a realizar cada obra. Pero hay una cosa que realmente cuenta más que todas, si quieres incrementar consistentemente tus ganancias: Es el precio de venta final. Esto vale siempre, y funciona para un cuadro original, una escultura, una impresión digital en serie limitada, una porcelana y cualquier otra forma de arte. Para que ganes bastante dinero en cada transacción, tienes que vender tus trabajos al mayor precio posible. Adivina cuál es el elemento que te permite aumentar los precios. Tu reputación y tu fama son las únicas cosas que multiplican el valor de tus obras. Tu éxito no va a llegar optimizando costos y tiempos. La reputación y la fama de un artista hoy en día están hechas de presencia en internet, eventos, concursos, subastas, marketing, relaciones públicas e interacción con admiradores. Estos factores multiplican el precio de venta de tus obras y determinan tu éxito como artista profesional. Si quieres vivir de tu arte, necesitas encargarte de cada uno de estos puntos, y gestionarlos de la mejor manera como si fueras UNA EMPRESA.

CAPÍTULO 2

PREPARA EL TERRENO

2.1 Producción de un stock de 25-250 obras

Cualquiera sea la rama del arte en la cual desempeñes tu actividad, lo primero que tienes que hacer es tener un buen stock de objetos por vender. Tus productos en este caso son tus obras de arte así que ¡manos a la obra!

Mis consejos sobre la cantidad de obras a producir y sobre sus tamaños son puramente indicativos pero no son casuales. Tienen un sentido comercial muy práctico y lógico y están pensados para expandir lo más posible tu mercado y el número de tus potenciales clientes. Te invito a evaluar atentamente tu situación y a tomar decisiones diferentes según el tipo de artista que seas, según el espacio de almacenamiento que tengas y según tu forma de ver las cosas. Lo importante es que tomes en cuenta que necesitas tener un amplio stock de obras a disposición, que sean de diferentes tamaños y precios. Recuerda que en este tipo de mercado, si no lo tienes no lo vendes.

Para ampliar lo más posible el número de potenciales compradores, obviamente no hay que cambiar tu forma de arte o el estilo de tus obras. Hay que tratar de llegar al alcance de la mayoría de sus bolsillos jugando con las medidas. Luego hay que poder entrar en la mayor cantidad de elevadores, hay que poder ocupar cómodamente todos los tipos de paredes y espacios disponibles en los hogares de los clientes. La única forma de hacer esto, es realizando obras de diferentes tamaños. Tienes que realizarlas desde muy pequeñas hasta de tamaño gigante. Así podrás tener disponibles para la venta tanto obras que estén al alcance de los bolsillos de personas con menos recursos económicos o con poco espacio para exponerlas, hasta aquellas para compradores con más disponibilidad económica o más espacio en sus hogares u oficinas. He conocido artistas que producen solamente objetos gigantes, como si sus clientes fueran bancos, las multinacionales o la familia real inglesa. Esta no es la estrategia comercial ideal, por lo menos al principio de tu carrera. También he conocido artistas que solamente producían obras muy pequeñas, como si los únicos clientes fueran las tiendas de artesanías. Esto tampoco es lo ideal, porque te quita una porción de mercado que vende menos pero paga muy bien las obras que compra.

Estos clientes están rodeados de muchas personas con el mismo potencial económico. Así que entrar en una colección con una obra gigante te garantiza que la vean muchos amigos, clientes o familiares que podrían enamorarse de tu estilo y comprarte otra pieza. Así que tienes que disponer de un inventario de obras de diferentes precios y tamaños. Luego en el futuro, cuando seas un artista más exitoso, podrás darte el lujo de enfocarte solo en ciertos tipos de medidas. Las que prefieras o las que sean más rentables para ti.

Inventario y precio de tus obras

Después de haber producido y completado todas las obras, tienes que escribir un inventario completo de ellas. Anota todos los títulos y las medidas exactas en centímetros y en pulgadas. Son los dos sistemas más utilizados. Ahora toma fotos profesionales en alta resolución de cada una de tus obras. Recomiendo que contrates un fotógrafo profesional para que sean bellísimas y valoren al máximo la calidad de tus obras. El arte entra por los ojos y nadie mejor que un fotógrafo profesional puede valorarlas. No subestimes la importancia de este tema. También tómate fotos al lado de cada una de tus obras y toma foto de detalles de una obra o partes de ella. Las necesitaras más adelante para tus redes sociales.

Ahora que tienes las 25-250 obras realizadas e inventariadas, puedes fijar un precio por cada una de ellas.

No puedo decirte a qué precio tienes que venderlas pero te daré unos consejos sobre cómo elegir un precio base mínimo para cada obra y cómo ponerlas a la venta de la mejor forma.

El precio base de una obra de arte, debe ser calculado con esta simple ecuación:

MATERIALES
+
HORAS DE TRABAJO
+
TU FAMA
+
FAMA DE TU OBRA
=
PRECIO FINAL

En pocas palabras, tienes que vender una obra por lo menos al precio de los materiales, más las horas de trabajo que utilizaste para realizarla. Es el valor mínimo bajo el cual no tiene sentido ir, tampoco si estás apenas empezando tu carrera. Luego puedes sumarle un valor adicional, proporcionado a la fama que tienes como artista. Si nadie conoce tu nombre, no puedes utilizarlo para aumentar el precio a tu arte. Nunca vendas una obra a un precio demasiado barato, así estés empezando. Mejor mantener precios de venta altos y ofrecer generosos descuentos a la hora de negociar. A las personas les encanta poder comprar una obra con descuento.

Puede ser que no seas muy conocido, y por eso tu nombre no le aporte mucho valor económico a la obra. Pero a veces puede ser que tu obra haya participado o ganado un buen concurso de arte, haya sido expuesta en un buen museo por un tiempo al lado de artistas más famosos, haya sido publicada en un libro o una revista. Todo esto aumenta considerablemente el valor de una obra.

Esta ecuación te ayuda, de forma casi científica, a determinar el precio de un trabajo. Insisto en recomendarte que no vendas una pieza a menos de lo que te costó, porque no tiene sentido. El precio de los materiales y de tu labor lo tienes que cobrar siempre.

Terminada esta fase, ya tienes el inventario completo, con fotos, medidas y precios de venta. No es necesario que completes todas las obras para seguir adelante. Hay muchas cosas en este libro, que se pueden realizar contemporáneamente, siempre y cuando tengas disponibilidad económica y tiempo para avanzar. Terminamos el párrafo con un concepto muy importante: preparar el camino para que vivas de tus obras de arte es una tarea que te va a costar mucho tiempo, y cierta cantidad de dinero. No hay formas de que lo hagas rápidamente y sin algo de capital. Puedes hacerlo poco a poco y optimizando al máximo los gastos necesarios para su realización, pero toma siempre en cuenta que un mínimo de inversión monetaria será indispensable.

2.2 Crea tu página web.
www.nombretuyo.com

Si deseas que las personas te encuentren, cuando buscan información sobre ti como artista, tienes que crear una página web que hable de ti y de tus obras. Recomiendo que el dominio tenga tu nombre y apellido completo seguido por la palabra art, arte, artista, pintor o alguna otra parecida que conduzca a ti y a lo que haces. Esto es para que no puedan confundirte con nadie más y para que encuentres con facilidad la disponibilidad del dominio. Es muy económico realizarlo, puedes comprar un dominio muy barato en www.godaddy.com y realizar una página web personal en www.wix.com.

No te preocupes si no eres programador de páginas web. Crearon estos portales justo para personas como tú y como yo, que no sabemos usar bien la computadora y no somos programadores. Con una inversión de menos de 100 dólares y un par de horas de trabajo, podrás tener tu página web lista y existir en internet. De ahora en adelante cualquier persona que quiera saber quién eres y qué haces, te busca en Google y lee sobre ti.

Tienes que poner en tu página web varias fotos bonitas de ti y de tus obras. También escribe una breve biografía tuya, y un currículo con todos los detalles desde dónde estudiaste hasta dónde expusiste tus obras. No olvides crear la sección de contactos con tu email y teléfono celular para que las personas sepan cómo contactarte. Agrega los enlaces de tus redes sociales para que los apasionados puedan seguirte más de cerca.

Te recomiendo no exagerar con las cosas que publiques. Alterar las informaciones sobre resultados de concursos y exposiciones, puede ser dañino para tu imagen. Solamente escribe la verdad y hazlo de una forma bonita. Hoy en día las informaciones son de fácil alcance para todos. Si son exageradas o falsas solamente te harán daño.

A lo largo de tu carrera, tu personalidad junto a la sinceridad, la belleza de tus obras y la forma que utilices para venderlas, son lo único que te llevará al éxito como artista. No lo olvides nunca.

Consejo importante

Pon mucha atención a las palabras clave que utilices para la indexación de tu página web en los motores de búsqueda de Google. El orden en el cual aparecen los resultados es decidido por complejos algoritmos que dependen mucho de la calidad de tus informaciones, de la forma en que las indiques, y del tráfico que genere tu página web. Es realmente un tema muy delicado y extremadamente importante. Si lo haces mal, nadie te va a encontrar en internet. Aunque sea bastante fácil hacerlo en WIX, te recomiendo que lo haga un experto por ti. Esta persona con una inversión de pocos dólares, analiza el contenido de tu página, ingresa algunas palabras clave y optimiza la forma en la cual esta es encontrada en Google. Es realmente un trabajo muy barato a pesar de lo importante que es.

2.3 Imprime tarjetas de presentación

No importa cuál sea el lugar hacia donde vayas, lleva siempre contigo algunas tarjetas de presentación profesionales.

Si estás en un evento público, una exposición, una subasta de arte o cualquier otra reunión de personas, no puedes presentarte a la gente solamente con un apretón de manos. Tienes que entregarle una tarjeta de presentación bonita y profesional, que en la parte frontal tenga todos tus datos, tales como: número de teléfono, WhatsApp, email, redes sociales. Recomiendo que en el retro de la tarjeta coloques algo representativo de tu arte, como una imagen y un lema bonito. Si puedes incluir una obra tuya, mucho mejor. Haz que sea una tarjeta bellísima, haz que nadie la quiera botar. Eres un artista y sabrás encontrar la forma de hacerlo. Tu tarjeta tiene que motivar a las personas a buscarte y conectarse a tu página web o a tus redes sociales. Es el primer paso para que un desconocido sepa lo que haces. Haz que tu tarjeta alimente en las personas la curiosidad de saber más sobre ti y tu arte. Quizás no sea hoy o mañana, pero tarde o temprano alguno de ellos se va a interesar en lo que haces. Podría invitarte a organizar una exposición, a participar en un concurso de arte o incluso comprarte una obra. No subestimes el poder de las tarjetas de presentación que entregues cuando estés entre las personas.

Recuerda que no vendes bombillos eléctricos o fertilizantes orgánicos (aun así necesitarías tarjetas de presentación bonitas). Recuerda que vendes emociones a través de tus obras de arte. La emoción puede entrar por una simple tarjeta de presentación si está hecha como se debe.

2.4 Escribe un libro ilustrado

Eres un artista, es importante que realices un libro ilustrado que hable de ti y muestre tus obras. Una versión extensa y completa de lo que tienes en la página web. Representa una inversión un poco más costosa y compleja porque hay que pagar a alguien para que escriba o haga la corrección de los textos, edite las fotos, redacte la portada. Además hay que pagar los costos de impresión dependiendo de la cantidad de ejemplares que mandes a producir. Te recomiendo realizarlo, así sea empezando con 20-30 ejemplares. Serán una excelente carta de presentación para dueños de galerías de arte, directores de museos o concursos. Además, podrás ponerlos a la venta con tu firma original en la primera página, y también podrás utilizarlos como moneda para pagar algunos servicios como fotógrafos, editores, blogger o influencer que promocionen tus obras. A los amantes del arte les encantan los libros ilustrados autografiados. Hablaremos de este tema más adelante.

Probablemente estés al principio de tu carrera de artista y por esta razón no tengas un presupuesto muy alto para invertir, pero creeme que es importante tener libros ilustrados sobre tu trabajo. Tanto en la versión digital como en papel, son una prestigiosa carta de presentación, y en el momento oportuno podrás usarlas como método de pago para algún tipo de servicio relacionado al mercadeo de tus obras. Como alternativa económica a los libros ilustrados, podrás empezar imprimiendo unas brochures o pequeñas libretas que ilustren solamente algunas obras y tengan una biografía más sintetizada. Es una forma más económica y bastante eficaz, que le dará visibilidad a tus obras y a tu marca como artista, aunque con menos prestigio que un libro de tapa dura. No te preocupes, lo podrás hacer en otro momento.

2.5 Litografías e impresiones autografiadas de tus obras

Si eres un pintor, fotógrafo, artista digital o cualquier otro tipo de arte que pueda admirarse bien en fotografía, tienes que realizar litografías e impresiones de tus obras más exitosas o de las que más te representen. Quizás no les gusten a los coleccionistas más tradicionalistas, pero es la forma más barata que tienes para que cualquiera pueda comprar tu arte. No todo el mundo tiene dinero para comprar un óleo original, pero cualquiera puede comprar una litografía o una impresión firmada por el artista. Tómalo en cuenta para que tu trabajo pueda estar al alcance económico de la mayoría de los amantes de tus obras.

Vender litografías firmadas o fotos en edición limitada autografiadas, es la manera más rentable para monetizar una obra. Sí, es correcto, entendiste bien, representan en algunos casos, la más grande forma de ganancia para ti. Vamos a hacer un cálculo rápido y veras que la matemática no miente. Si vendes un óleo sobre lienzo de 40 X 40 centímetros a un precio de 2500 dólares, lo cual es un precio bastante alto, estarás ganando aproximadamente 2300 si le restas los costos de materiales que usaste para realizarlo y tu valioso tiempo.

Si produces 200 litografías de este mismo cuadro, las pagarías máximo 20 dólares cada una, para un total de 4.000 dólares de inversión. Si las vendes poco a poco numeradas y autografiadas por ti, a un precio muy razonable de 120 dólares cada una, obtendrás una ganancia 20.000 dólares. Sí, leíste bien, escribí veinte mil dólares de ganancia neta sobre un solo cuadro. Imagínate lo que podrías ganar produciendo litografías de todos tus cuadros más representativos. Podrás venderlas en tu página web, en las galerías, e incluso en tiendas especializadas. Venderías algunas también en las exposiciones y en los eventos a los cuales participes. Aun si tomarás la absurda decisión de dejar de vender tus obras originales y dedicarte solamente a vender tus litografías firmadas, ganarías mucho dinero.

Necesitas tener en cuenta que la importancia de la litografía es representada también por otros dos factores. El primero es que puedes transportarlas o enviarlas donde sea con poca inversión y poco esfuerzo. Esto te permite organizar exposiciones de tus obras de forma más sencilla, en donde no sea posible o rentable organizarlo con obras originales. Por ejemplo ferias, o lugares donde no tengas mucho espacio o audiencia, y por lo tanto moverte personalmente o trasladar las obras originales, genera un coste tan elevado que no tendría sentido hacerlo. Recuerda que lo que quieres, es transmitir a la gente la emoción con tu arte. Una litografía a veces, lo puede hacer sin ningún problema. Casi como una obra original.

Lo segundo, es que puedes utilizarlas como moneda de intercambio para cualquier tipo de servicio que necesites. Es decir puedes pagar bloggers o influencers con litografías firmadas en vez de darle dinero para publicar contenido con tus obras. No todos aceptarán pero en muchos casos sí y esto te hará ahorrar muchísimo dinero. Pagarás 125 dólares de servicios con una litografía que te costó

20. Esto también representa una buena ganancia. Mejor en tu bolsillo que en el de otro. Tus obras y tus litografías quizás no les interesen a todos, pero muchos profesionales, a la hora de prestarte un servicio, preferirán recibirlas a cambio como pago, en vez de perder un cliente o un trabajo. Tómalo en cuenta y propón tus libros o tus obras siempre como primera opción de pago.

¿Si no soy pintor qué hago en lugar de las litografías?

Puedes jugar con la fantasía y encontrar la solución. Hay miles de opciones dependiendo de tu arte. Por ejemplo puedes producir una serie limitada y firmada de 100 ejemplares en cualquiera de estas ramas:

- Mosaicos.
- Esculturas.
- Impresiones de fotografías.
- Porcelana.
- Dibujos.
- Platería.
- Impresiones de arte digital.
- Talla de madera.
- Artes con telas.
- Vitrofusión.

Lo importante es que las obras sean todas identificables como tuyas, no solo por la firma sino por el estilo que tengan. También recuerda que la finalidad de esta producción en serie limitada es ganar dinero vendiéndole a clientes con menos disponibilidad económica. Clientes que no pueden pagar una obra tuya. Así que si una pieza original vale cinco mil dólares, una reproducción pequeña firmada la podrás vender quizás en quinientos. Siempre y cuando hayas recuperado tus materiales y mano de obra.

El arte no está hecho solo de la obra maestra original, sino también de una serie de reproducciones firmadas y autenticadas por el artista. Así como el mundo no está hecho solamente de coleccionistas de arte con mucho dinero, sino que también está hecho de personas con menos disponibilidad económica. También estas últimas son una excelente fuente de ingreso, ya que representan a la gran mayoría de las personas. Las obras originales y costosas son para los que pueden pagarlas, y las reproducciones limitadas son para todos los demás. El mercado de los pequeños es un mercado muy grande al que vale la pena apuntar siempre. Es importante enfocarte en todos los potenciales compradores que hay y ofrecerle a cada uno de ellos, lo que está acorde a su presupuesto.

2.6 Crea tu página en Wikipedia

No es necesario ser famoso para estar allí. Wikipedia es una página independiente y sin fines de lucro, que tiene la finalidad de divulgar información imparcial sobre cualquier tema. De hecho cualquiera puede gratuitamente ofrecer su servicio y escribir un artículo sobre algún tema que aun falte en la página. Es muy importante que aparezcas en Wikipedia como artista. Escribe un artículo sobre tu vida y tu profesión, sé imparcial y objetivo, no uses tonos promocionales o adulatorios. Escribe como si quisieras informar sobre ti de manera imparcial. De ninguna forma intentes promocionar tu trabajo porque no te aprobarían el artículo. Si es la primera vez que escribes en esta plataforma, probablemente van a demorar un poco más para aceptar tu artículo. Investigarán sobre ti y si encuentran tu página web y tus perfiles de redes sociales, eventualmente también algún blog o artículo de periódico online que hable de ti, la aprobación de tu articulo va a ser más fácil. Wikipedia es una plataforma sin fines de lucro, si escribes la verdad y lo haces bien, te permitirán tener tu página como artista sin ningún problema. Si no sabes cómo hacerlo, pide ayuda de alguien que sepa manejar este tema, no es costoso y es un método muy eficaz. Créeme que estar en Wikipedia es importantísimo porque la gente común cree que solamente las personas famosas están allí. Esto te dará más prestigio, visibilidad y credibilidad.

2.7 Crea cuentas en las redes sociales

Puede ser que no te guste estar en redes sociales como persona, pero si no estás allí como artista, entonces no existes y tu visibilidad se reduce enormemente. Para un artista hoy en día es importantísimo estar por lo menos en Instagram y Facebook. Son plataformas perfectas para mostrar constantemente tus obras, estar en contacto con tus admiradores y promocionar eventos donde sea posible admirar tu arte. No uses las redes sociales para vender ya que se ve muy poco profesional. En muy raros casos llegarías a vender una obra en las redes sociales. Utilízalas para mostrar al mundo tu perfil de artista y tus obras de arte. No funciona como tienda en línea. Mejor que utilices tus redes sociales para estar en contacto con los admiradores, entregarles constantemente contenidos de calidad y guiarlos hacia los sitios donde puedan comprar tus obras. Para las ventas de tus obras, tienes que utilizar los canales profesionales como tiendas, galerías reales o virtuales y plataformas especializadas. Esto te da un toque de prestigio y profesionalidad que son importantes en tu profesión. También va a mantener intacta tu reputación con los galeristas profesionales que se comprometieron a invertir para mercadear y vender tus obras. Créeme que es así. No vas a perder ventas, al contrario, vas a ganar prestigio y tiempo para dedicarte a crear tus obras. Te recomiendo venderles directamente solo a las personas que conoces bien, que son ya clientes tuyos o grandes fanáticos de tu arte. También podrás venderles directamente a las personas que encuentres en una feria o exposición, siempre y cuando respetes las políticas de precios y marketing que has acordado con galeristas y vendedores. Mantener tu reputación alta con estos profesionales es muy importante si quieres crecer como artista profesional. Venta directa de tus obras sí, pero hazlo con criterio y respetando las reglas.

Otra red social interesante para un artista es LinkedIn, es muy importante si trabajas obras por encargo o en formato digital. De otra forma es solo otra carta de presentación más. Es útil pero no indispensable.

Lo que sí es indispensable es que tengas tu canal de YouTube. Lo podrás utilizar para publicar breves videos de tus obras realizadas o que aún están en fase de realización, estas cosas les gustan mucho a los aficionados. También podrás publicar videos de las entrevistas que te hayan hecho, videos de exposiciones o concursos a los cuales participaste. En caso tal que sepas hacerlo, publica también breves videos simpáticos en los cuales muestras cómo pintas o dictas algún curso sobre tus técnicas. Ser un maestro que tiene estudiantes interesados en aprender tus técnicas, te da prestigio y valor, además de mejorar tu imagen como artista.

2.8 Crea dos bases de datos

La base de datos de clientes, para una empresa o un vendedor, representa un recurso importantísimo y estratégico para las ventas. Mantenerla siempre actualizada y optimizada, permite sacarle el máximo provecho cada vez que se utiliza. No todos conocen a fondo la importancia y la potencia de los resultados que se obtienen gestionando bien una base de datos y es por esta razón que muy pocos las utilizan de la forma correcta. Es ideal para enviar descuentos y promociones directamente a personas que están interesadas en tus obras. Funciona perfectamente para fidelizar e interactuar con tus contactos, enviándoles informaciones de calidad o regalos digitales en ocasiones especiales como su cumpleaños o navidad. Es la mejor manera de mercadear productos a buen precio y de forma eficaz, por esta razón es indispensable que la utilices oportunamente a tu favor.

Crea dos base de datos y mantenlas siempre actualizadas. Si las manejas bien, te harán ganar mucho dinero a lo largo de tu carrera como artista. Representan un recurso tan indispensable como el agua.

La primera tiene que ser sobre todos tus potenciales clientes o apasionados a tu arte. Al principio puede ser una lista pequeña pero si la cultivas y la actualizas bien cada semana, verás que a lo largo de pocos meses, contendrá centenares de nombres de personas que son de cierta forma interesadas en lo que haces artísticamente. Puedes contactarlos cada vez que tengas que presentarles una nueva obra tuya o algún evento donde estés presente como artista. No les envíes frecuentemente ofertas o promociones sobre tus obras porque podrían cansarse y meterte en la casilla de spam. Solo habla de nuevas obras y eventos culturales relacionados a ti. Envíales información útil y comparte con ellos contenidos de calidad que quieran reenviar y compartir con sus amigos. El día que estén listos para comprarte una obra lo harán, porque cada potencial comprador madura a su debido tiempo si es estimulado correctamente. Forzarlo solo hará que se incomode y se aleje de ti. Recuerda que una de tus misiones profesionales es acercar constantemente más personas a tu arte. Por favor, toma en cuenta que esta estrategia es mi opinión personal. Si no estás de acuerdo y crees que a tu público pueden interesarles constantemente ofertas y promociones sobre tus trabajos, hazlo sin dudar. Nadie conoce a los amantes de tu arte más que tú, pero recuerda que una publicidad insistente puede incomodar y eso nunca produce buenos resultados.

La segunda base de datos tiene que ser formada por todas las personas que pueden ser necesarias para el mercadeo y las ventas de tus obras. Divídela en categorías por galeristas, profesores de arte, influencers, blogueros, YouTubers, organizadores de eventos, directores de museos, diseñadores gráficos, imprentas digitales, y cualquier otra categoría que esté relacionada con tu tipo de arte. Vas a utilizar esta base de datos diariamente porque siempre estarás haciendo algo relacionado con estas actividades. Mantenerla actualizada y ordenada, te permitirá pasar a la acción con rapidez y precisión. Esto es indispensable en los negocios.

Probablemente pienses que no sea tan importante crear estas dos bases de datos para tu carrera de artista. Actualizar, guardar y utilizar bien los contactos es indispensable para cualquier profesional que viva vendiéndole algo a los demás. Representa una herramienta poderosa que te permitirá vender siempre más obras de arte en menos tiempo y con menor esfuerzo. Crearás una comunidad de fanáticos de tu arte, que estarán felices de ser invitados a eventos o ser avisados de primero, sobre las novedades que estés creando.

Si no fueran tan importantes, no habría empresas y profesionales que venden bases de datos segmentadas y ordenadas. Tampoco habría empresas exitosas que invierten miles de dólares para incrementarlas y gestionarlas correctamente. Son rentables y eficaces y quien las usa correctamente lo sabe muy bien. La importancia de una buena base de datos es un hecho indudable. Empieza a construir las tuyas lo más pronto posible.

2.9 Crea y firma certificados de autenticidad para tus obras

No importa si tus obras son cuadros, esculturas, mosaicos, porcelanas o arte digital, recuerda que cualquiera sea tu arte, tienes que vender tus piezas acompañadas por un bonito certificado de autenticidad que tenga tu sello personal y tu firma hecha a mano. Es algo importantísimo que les encanta a las personas, y no te cuesta mucho más que una impresión casera. Diseña un certificado con un logo que represente tu arte o tu marca, imprime varios en un papel cartulina y mantenlos listos para cada venta. Te recomiendo que escribas a mano el nombre de la obra, la fecha de realización y tu firma. No uses papel de mala calidad o un diseño improvisado porque es parte de tu imagen y de tu empresa como artista. Hazlo bien o no lo hagas. Mi padre decía que si hacen los cuadros falsos, pueden hacer también los certificados, y quizás tú también en algún momento pienses que sea inútil hacerlo. Recuerda que no te cuesta mucho diseñarlos e imprimirlos, y le da un gran toque de calidad y profesionalidad a todo lo que vendes. Genera en las personas que no te conocen, un gran sentimiento de confianza. Yo también siempre pido un certificado de autenticidad cuando compro una nueva obra de arte. Créeme que no lo hago para estar seguro de que es original, porque para eso es suficiente una foto a lado del artista o una factura de la galería de arte, dependiendo de quién sea el vendedor. El certificado lo pido solamente porque estoy seguro que si algún día voy a querer vender la obra, será más fácil encontrar un buen comprador. Esto vale para cualquiera que esté vendiendo, incluso para ti que eres el artista. Un certificado de autenticidad ayuda a vender una obra al mejor precio. Hemos llegado al final del capítulo y has aprendido a preparar el terreno para las bases de tu carrera como artista. Si estuviéramos hablando de agricultura, estaríamos con el suelo aplanado, limpio, arado y listo para la siembra. ¿Comenzamos a lanzar las semillas y a tocar puertas?

Resumen de las acciones del segundo capítulo

- Producir un stock inicial de obras.
- Realizar fotos e inventario.
- Definir los precios de venta.
- Crear una página web como artista.
- Hacer tarjetas de presentación bonitas.
- Crear e imprimir libros ilustrados.
- Imprimir litografías u obras en serie limitada.
- Crear tu perfíl en Wikipedia.
- Crear certificados de autenticidad para tus obras.
- Crear perfiles en las redes sociales (Instagram, Facebook, Twitter) etc.
- Crear dos bases de datos, una con tus potenciales clientes y la otra con cualquier contacto útil para producción, la venta y el mercadeo de tus obras.

CAPÍTULO 3

PROMOCIÓN Y MERCADEO DE TUS OBRAS

3.1 Escribir a las galerías de arte

Las galerías de arte, tanto físicas como virtuales, representan un punto muy estratégico e importante donde tendrás que poner a la venta tus obras, tarde o temprano. Empieza a negociar con ellos lo más pronto posible. Te cobrarán una comisión cuando vendan una obra tuya, pero es mejor que ganes un porcentaje de una buena venta que la totalidad de cero ventas. Junto a los museos de arte contemporánea, son los canales más prestigiosos donde puedes tener expuestas tus creaciones. Es alrededor de las galerías que se mueven grandes clientes y coleccionistas. Quizás no te hagan rico. Pero vas a ganar mucho prestigio cuando una obra tuya sea puesta a la venta en una de ellas. Escribe una carta de presentación formal en la cual te presentas como artista y mándalas por correo electrónico a todas las galerías de arte que puedas. Anexa también bonitas fotos de tus obras más representativas y el enlace a tu página web. En la carta de presentación no hables de precios todavía, y menciona todos los lugares donde has expuesto, los concursos a los cuales has participado y el lugar donde has estudiado arte. Es importante que escribas también algo sobre tus obras y tu tipo de arte. A quién te inspiras y qué es lo que quieres comunicar con tus obras. No olvides mencionar que eres un artista que tiene página web profesional, que está en las redes sociales, en Wikipedia y que no solamente vende obras originales sino que también tiene litografías, impresiones y piezas en serie limitada para todas las tipologías de coleccionistas. Menciona también tus libros autografiados y todo tipo de material que tienes a disposición, tanto físico como digital. Comunícale que estás dispuesto a reunirte personalmente con ellos, o donde no sea posible, por vía virtual. Es importante que vean lo profesional y completo que eres como vendedor de tu arte. Siempre preparado y disponible para discutir diplomáticamente las condiciones y los términos de venta de tus creaciones.

Si puedes envía las presentaciones de forma física también, por lo menos a las galerías más importantes y conocidas. Te recomiendo utilizar el correo postal, con un depliant de alta calidad que tenga impresas tus obras y que esté dirigido al dueño o al director. Le prestarán más atención que a tu correo electrónico y llegará más directo a las manos apropiadas en vez de terminar en el olvido o en la casilla de correo no deseado. Es un método más costoso pero mucho más eficaz y preciso.

3.2 Publica tus obras en los Clasificados de arte online

Los clasificados de arte online son páginas dedicadas a la venta de obras de arte en las cuales, coleccionistas y artistas unen sus intereses. Son ideales para publicar anuncios y poner a la venta todas tus obras. Usualmente son muy baratos y cobran solamente un porcentaje cuando la venta sea realizada. No tienen muchísimo tráfico como las redes sociales, pero sus usuarios son solamente personas interesadas en arte. Son visitantes con alta tasa de conversión. Es importante estar en estos portales porque es allí que muchos coleccionistas buscan nuevos talentos y artistas emergentes. Te recomiendo publicar tus obras a precios bastante altos, para que haya un margen de negociación a la hora de que los interesados quieran negociar para reducir el precio. Siempre es bueno darle a un cliente una buena obra y la sensación de haberla obtenida a un precio menor de lo que vale realmente. Esto lo puedes manejar fácilmente porque tú creas tus obras, tú eliges los precios, tú negocias con el comprador. Nunca olvides que todos aman los descuentos.

3.3 Publica tus obras en los clasificados genéricos online

En estas páginas no toda la audiencia está interesada en el arte así como en el caso de los clasificados especializados, pero es importante estar en ellas y redactar anuncios correctamente, porque su indexación en los motores de búsqueda es excelente. Es probable que si buscas tu nombre y apellido en Google seguido por la palabra arte o vendo, encuentres un anuncio de ellos antes que tu página web. Es el poder de saber cómo funcionan exactamente las búsquedas en Google. Usa las plataformas de clasificados reconocidas, lo más que puedas, porque son gratis y tienen gran potencial. Quizás la mayoría de tus ventas no lleguen por este medio, pero cualquier persona que te busque en internet te va a encontrar por todas partes. Esto aumenta tu credibilidad, fama e importancia como artista, y los precios de tus obras no se quedarán atrás.

3.4 Pon a la venta tus obras en eBay

eBay es una de las más grandes plataformas de venta online del mundo. Debido a su naturaleza, es muy frecuentada por coleccionistas de artículos de todas las tipologías. Muchas personas controlan allí si existes como artista y si hay obras tuyas a la venta. Es una primera verificación gratuita, que los interesados hacen para darse cuenta si estás allí y cuánto valen tus piezas. Mantén constantemente a la venta dos o tres obras tuyas a un precio muy alto. Es una vitrina importante y la necesitas para defender bien el valor en los otros canales de venta. Aunque a veces te llegará la grata sorpresa de realizar una venta también por esta famosa plataforma. Puedes poner a la venta en eBay también litografías o impresiones en serie limitada o cualquier otra obra tuya. La inversión de tiempo y dinero es mínima para tener un anuncio en esta página, pero el tráfico que tiene es impresionante y su fuerza en los motores de búsqueda es enorme. En este caso también si pones tu nombre y apellido en Google, probablemente salga un anuncio tuyo de eBay, antes que tu propia página web. Es una fuerza que tienes que usar a tu favor.

3.5 Utiliza los influencers

Los influencers hoy en día son muy utilizados para la promoción de productos y servicios. Incluso por las más grandes empresas multinacionales. La potencia del alcance de su audiencia es indudable. Con sus publicaciones de contenidos en Instagram o Facebook, llegan a una audiencia muy grande y son ideales para promocionar también artistas y obras de arte. Elije trabajar con los que tienen un nivel de contenido apropiado y culturalmente compatible con tus obras de arte. Si un influencer trata temas muy lejanos del tema arte, probablemente tendrá seguidores que no estén interesados en tus obras. Y tu dinero sería mal invertido. Ponte de acuerdo con varios de ellos, promocionando tus obras o tus exposiciones. Recuerda que son muy flexibles a negociar precios para sus publicaciones porque no tienen costo de mano de obra. También aceptan productos a cambio. Te recomiendo pagarles con litografías firmadas por ti o con obras originales muy pequeñas en caso tal que el influencer sea famosísimo y tenga muchos seguidores. Intenta de antemano utilizar tus litografías u obras en serie limitada para pagar cualquier cosa. O en alternativa una combinación con dinero. En última opción acepta pagar solamente con dinero si no logras que acepten las alternativas anteriores. Te recomiendo buscar mucho porque hay miles de influencers y siempre hay quien negocie precio o acepte una litografía a cambio de un post. También hay muchas páginas dedicadas a cada tipo de arte en Instagram y Facebook, las cuales tienen muchos seguidores y sus dueños son personas que aman el arte. Es probable que acepten una pequeña obra o impresión tuya, a cambio de un poco de publicidad entre sus fanáticos.

3.6 Utiliza los Bloggers

Los blogueros son personas que escriben sus opiniones sobre un tema específico, haciéndole llegar sus artículos a un grupo de seguidores que aprecian sus contenidos. Son usualmente personas que se caracterizan por hablar temas de un nicho específico, como por ejemplo la cocina, los negocios, el arte, etc. Investiga quiénes son los blogueros que estén dispuestos a escribir algo sobre ti, y negocia con ellos. A veces lo harán gratis o a cambio de una bonita litografía tuya. Algunos de ellos son personas muy exitosas que llevan detrás de ellos un número de seguidores bastante elevado. Quizás al principio no logres llamar su atención. Pero algún día sí. Mientras tanto dedícate a negociar con los que estén más a tu alcance y estén más disponibles a publicar contenido sobre tu arte. Es una excelente manera para crear audiencia y mostrar a las personas tus obras. No hace falta decir que busques nada más los blogueros que traten temas relacionados al arte y la cultura. Creeme, no vale la pena que trabajes con personas cuyos seguidores no están interesados en el contenido publicado. Sería un desperdicio de tiempo y de dinero.

3.7 Utiliza los YouTubers

Los YouTubers son influencers que publican contenido en su canal a través de videos producidos por ellos mismos. Hay miles y diferentes, que tratan temas de todo tipo. Sería genial crear un video en donde el YouTuber te entrevista y te pregunta acerca de tu vida y de tus obras.

También son muy buenos los videos en el cual el YouTuber habla de ti y de tu arte, pero tiene que ser una persona muy preparada sobre el tema, o aburriría a sus seguidores y tú perderías credibilidad delante de ellos. No solo hay que buscar un YouTuber competente en tema de arte, sino alguien que tenga una audiencia a la cual le pueda interesar el tema. Es un desperdicio de dinero mostrar videos sobre arte a personas que no están interesadas. Además es poco apropiado utilizar un influencer cuyo perfil está culturalmente muy lejos de tu arte. Mejor que el video y su contenido sea algo sincero y creíble, que realmente se note el interés de la persona hacia el arte. En resumen, evita involucrar influencers cuyo perfil personal o laboral no tiene nada que ver con el arte. De lo contrario el contenido va a parecer una publicidad cualquiera y sería como disparar un tiro al aire, sin apuntar al blanco.

También puedes invitar los YouTubers a tus exposiciones, eventos o subastas en las cuales estén involucradas tus obras. Un video hecho directamente al lado de una obra tuya, sería un excelente medio de publicidad. Muchos YouTubers estarán contentos de prestarte sus servicios, a cambio de dinero, litografías, obras originales o una combinación de los tres. Recuerda siempre que tus obras, tus litografías o impresiones firmadas y tus libros autografiados son una excelente moneda para pagar los servicios promocionales. Toma seriamente en cuenta la posibilidad de aprender a crear tus propios videos sobre el arte, y publícalos en tu propio canal de YouTube. Si lo haces bien, es una excelente forma de mantenerte en contacto con los amantes de tu arte. Aquí también vale la misma regla que en las otras redes sociales: COMPARTE SOLAMENTE CONTENIDOS DE ALTA CALIDAD, que den un valor a tu imagen como persona y como artista profesional.

3.8 Contacta críticos de arte y periodistas

Ambos representan una categoría más cerrada y difícil de alcanzar. Mas aun si estás dando tus primeros pasos en el mundo del arte. Pero ¿por qué no intentarlo? Hoy en día todos los contactos que necesitas están en internet y no cuesta nada escribirles un correo electrónico y mandarle una bonita carta de presentación. En el peor de los casos no lo van a leer. Pero tarde o temprano le puede faltar material de trabajo o temas sobre los cuales escribir y seguramente controlarán en su base de datos o sus correos, si hay alguien que esté dispuesto a compartir su historia con ellos. Es mejor que te acostumbres cuanto antes a tratar con críticos de arte y periodistas del sector, porque son los que tienen mucha influencia sobre las informaciones que circulan acerca del tema. Es un nicho muy pequeño y ellos son los que influencian un poco los precios y las opiniones de la gente. Ganarse la estima y la confianza de estas personas, significa tener unos profesionales sobre arte, que te apoyan y que hablan bien de ti en sus artículos. Muchos de ellos escriben también en periódicos digitales, y con sus artículos dejarán en internet una huella importante que habla bien de ti y de tu arte. Estas noticias aparecen en los motores de búsqueda de Google así que no subestimes la importancia de un artículo bien indexado en internet, que hable de ti. Una vez que tengas en tu base de datos varios críticos o periodistas, invítalos formalmente siempre a tus eventos artísticos. Ellos viven de eso, y estarán honrados de participar. También incluye siempre los que no te aprecian mucho, no importa. Quizás no les guste tu arte o lo que estás haciendo en este periodo de tu vida profesional, pero probablemente te estimen como persona. En los negocios los rechazos nunca son dirigidos a tu persona, siempre son de tipo profesional y dirigidos a tus productos. Lo importante es que las personas hablen de ti. Tus obras no le pueden gustar a todo el mundo. Lo que importa es que le gusten a una pequeña parte de los amantes del arte. Lo que realmente cuenta es tener tu grupo de admiradores, mantenerte en contacto con ellos y realizar acciones que aumenten el número de seguidores en tus redes sociales. Tienes que trabajar siempre con estrategias de marketing apropiadas y contenidos de alta calidad.

3.9 Colabora con tus colegas artistas

Quizás nunca lo hayas visto de esta forma pero, tanto los artistas emergentes como los afirmados, pueden ayudarse uno con el otro para buscar más visibilidad y seguidores. Pueden colaborar gratuitamente de muchas maneras, beneficiándose mutuamente. Una opción sería publicar contenidos sobre uno o más colegas en tus redes sociales y que ellos hagan lo mismo con tus obras. Pueden entrevistarse mutuamente a turno y publicar el contenido en los perfiles de ambos. Pueden tomarse fotos y videos mientras producen obras contemporáneamente o a cuatro manos. Los seguidores y fanáticos de tus colegas, son casi todas personas que aman el arte, y probablemente aprecien también tus creaciones. Pueden también organizar exposiciones en conjunto entre dos o más artistas, compartiendo los gastos e involucrando muchos más conocidos. Tus amistades unidas a las de los otros artistas participantes, son un público mucho más amplio. Es una forma muy linda y democrática de crear interés alrededor del arte. Considera a los otros artistas como colegas y no como competencia directa. Alguien que podría definirse tu "competidor", debería ser capaz de quitarte clientes y porciones de mercado. Dudo mucho que un artista pueda hacer eso. Al contrario el cliente de un colega, quizás pueda animarse a comprar algo tuyo también, si llega a gustarle. Tus colegas jamás representarán una amenaza para tus ventas. Son preciosos compañeros con los cuales podrás armar un poderoso equipo de trabajo que comparte gastos y une la fuerza de sus amistades y seguidores más fieles. Todos saldrían ganando. Recuerda además que nadie más que un artista, conoce otros artistas. Todos necesitan visibilidad y colaboración a la hora de organizar eventos. Mándale una propuesta a todos tus colegas y verás que muchísimos estarán honrados de participar.

3.10 Intermediarios de arte

Básicamente son personas que hacen el mismo trabajo que una galería, pero de una manera diferente. Quizás más informal y a veces sin tener un espacio físico donde exponer las obras. Esto no quiere decir que no sean eficaces. Al contrario, son personas que lo hacen moviéndose solamente gracias a sus contactos y a través de sus relaciones públicas. Su base de datos es muy preciosa. Solamente proponen tus obras a personas que conocen directamente y que están interesados en coleccionarlas. No envían correos electrónicos, pero llaman o escriben a sus contactos personalmente uno a uno. He visto algunos traerme obras de arte hasta mi casa solamente para mostrarlas. Son muy eficaces a la hora de apuntarle a un blanco porque conocen sus clientes muy bien y saben exactamente qué cosa le gusta o no le gusta a cada uno de ellos. Son raros de encontrar pero si buscas bien los encontrarás. Ponte de acuerdo con cada uno de ellos formalmente y por escrito sobre las condiciones de venta de tus obras y las comisiones que le vas a pagar. Ellos tienen un método de trabajo muy eficaz y conocen muchísimos coleccionistas. Cada vez que encuentres uno, encárgale de vender tus obras y págales buenas comisiones. Jamás pienses que pagarle comisiones sea dinero mal gastado. Es dinero bien invertido y cobran solo cuando venden.

Resumen de las acciones del tercer capítulo

- Escribe una carta para presentarte a todas las galerías de arte online y offline que conozcas.

- Pon a la venta tus obras en todos los portales especializados en arte.

- Publica tus obras en clasificados genéricos nacionales y locales.

- Pon tus obras a la venta en eBay.

- Escríbeles a todos los influencers de Facebook o Instagram que publiquen contenidos compatibles con el tuyo, para negociar publicidad en sus cuentas.

- Escríbele a todos los YouTubers relacionados con el arte para crear videocontenido de calidad sobre ti.

- Contacta a todos los blogueros que puedas para que te entrevisten y escriban sobre ti.

- Escríbeles a todos los críticos de arte y periodistas que conozcas.

- Aprende a colaborar con tus colegas artistas para aumentar audiencia y compartir gastos para la organización de eventos.

- Ponte de acuerdo con intermediarios de arte para que vendan tus obras a sus clientes.

CAPÍTULO 4

VENTAS Y EVENTOS

4.1 Vende en las Subastas

Las subastas de arte representan una manera de vender muy eficaz y prestigiosa, a la cual tienes que participar con tus obras cada vez que sea posible. Aunque tus piezas no siempre lleguen al precio que tú desees, las subastas representan una excelente manera para conocer coleccionistas, colegas, artistas y todas las personas involucradas en el comercio de obras de arte. Moverte constantemente en este ambiente y aumentar tu base de datos representa el motor de tu actividad como vendedor de arte. Recuerda que no puedes dedicarte solamente a producir, sino que también debes vender. Jamás descuides este tema. Sin buenos contactos no hay ventas, y entonces no hay dinero. Sin dinero no puedes pagar tus gastos y entonces tendrás que dedicarte a otras cosas y abandonar tu querida arte. No descuides nunca tus estrategias de venta porque tus ingresos como artista dependen mucho de ellas.

He conocido artistas que no participan en subastas porque no siempre las ofertas alcanzan el precio que ellos desean. Ellos ignoran la verdadera razón para la cual un artista participa en una subasta. No se trata solamente del dinero que realices con la venta. Se trata de conocer más personas, aumentar tu prestigio y mejorar tu currículo. Es importantísimo estar constantemente presente en estos eventos. Además esto también te ayudará a mantenerte actualizado sobre las tendencias del mercado, los precios y los tamaños de las obras que venden más que otras. Te va a hacer muy bien estar actualizado sobre estos temas comerciales.

Aunque como artista estés interesado más en el lado creativo del arte, necesitas poder vender tus obras o tarde que temprano tendrás que buscar otra fuente de ingreso. Entiendo que tu prefieras dedicarte a pensar y producir obras, pero sin ventas no hay dinero. No lo olvides nunca.

También he conocido artistas que ni siquiera intentan participar en las subastas, convencidos de que no son bastantes conocidos o famosos. Jamás pienses eso. Siempre tienes que creer en ti y en tus trabajos. En el mundo del arte esto es importantísimo tanto como en la vida en general. Nadie creerá en ti si tú no lo haces. Postúlate para todas las subastas que puedas. Son oportunidades gratuitas para promocionar tu marca como artista y tus obras como vendedor de arte. Además no veo por qué deberían rechazar tus obras si son bonitas, y son de un artista que tiene su página web, que está en Wikipedia, que expone frecuentemente, que está en algunas galerías, también en todos los clasificados y portales en internet y es muy activo en las redes sociales con contenidos de calidad. ¿Ya vas comprendiendo por qué escribí los primeros tres capítulos? ¿Es claro ahora por qué es necesario arar el terreno antes de la siembra? Estoy seguro que ahora sí está más claro el concepto.

4.2 Participa en concursos de arte

Participar en los concursos de arte es igualmente importante que en las subastas, por todas las razones mencionadas en el párrafo anterior. Lo que no es realmente tan importante es ganarlo. Con esto no estoy diciendo que el primer lugar en un concurso de arte no sea ventajoso para ti. Sí lo es, pero el premio en sí solo, no te hace vender más obras. Lo que vende más obras es el conjunto de contactos y movimientos tuyos en el mundo del arte. Si yo fuese un artista preferiría enfocarme en participar constantemente siempre a todos los concursos que pueda, sin importar que nunca me premien. El premio es vender obras, no ganar medallas. Conozco artistas muy talentosos que han ganado concursos prestigiosos y hoy ni siquiera se dedican más al arte. En particular una ex compañera de escuela, que ha participado en una bienal y ganado un concurso con una obra que adoro. Se trata de un autorretrato donde ella está cubierta por un velo de color rojo, y que por supuesto encontró un comprador inmediatamente. No sé qué tanto esté contento el dueño de este cuadro hoy en día, sabiendo que la pintora no se dedica más al arte.

Por otro lado, conozco otros artistas que jamás han ganado un premio y que venden muchas obras. Como te dije anteriormente, lo que cuenta es la imagen de artista activo y determinado, la que lleva los mejores resultados de ventas a largo plazo. Así que no te preocupes si nunca ganas un concurso de arte. Participa en todos con orgullo y determinación. Las ventas van a producirse pronto.

4.3 Organiza exposiciones

La exposición es tan importante para un artista, cuanto el partido para un jugador de football. Es la forma más tradicional de mostrar al público tus obras de arte. Así que no escribiré más sobre lo importante que son. Pero si vale la pena darte algunos consejos sobre cómo organizarlas minimizando los costos y maximizando los resultados. En el párrafo 9 del capítulo anterior hemos hablado de la idea de compartir exposiciones con otros artistas, para ahorrar gastos e involucrar más personas que participen al evento. En caso tal que quieras organizar exposiciones donde seas el único artista, te recomiendo por lo menos involucrar otros protagonistas con los cuales crear más audiencia y beneficios mutuos. Puedes armar una exposición en conjunto con bodegas de vino, productores de alimentos finos, tiendas de productos gourmet, restaurantes, tiendas de artesanías, tiendas de accesorios, agencias de viajes y muchos más negocios. Todo depende de tu creatividad y de tus contactos. Es una ventaja para todos los invitados también, a los cuales se le puede presentar y ofrecer no solamente arte, sino que también comida, descuentos para viajes, y mucho más. Otra opción para exponer tus obras es en los restaurantes finos o en las tiendas boutique. Según el espacio que haya disponible, puedes dejar allí unas obras con tu nombre y contacto anotado a bajo de cada una de ella. Muchos empresarios estarán felices de renovar temporalmente el aspecto de su negocio y honrados de hacerlo con unas obras de arte. Este toque de cultura artística estimula mucho sus clientes y los mejores empresarios lo saben muy bien.

Así que no hay límite, para todas las formas que hay de exponer obras de arte, con baja inversión de dinero. Podrás trabajar con tu fantasía en base a tus contactos y a las tipologías de tus obras. Solamente recuerda que son ocasiones muy importantes en las que tendrás que estar muy abierto a hablar con todos y recolectar la mayor cantidad de contactos posible para enriquecer tu preciosa base de datos.

4.4 Participa en eventos culturales genéricos

Hay muchos eventos culturales organizados en tu ciudad o en los pueblos cercanos. Cualquiera sea el lugar del mundo en donde estés, tienes que tratar de exponer tus obras en la mayoría de estas iniciativas. No necesariamente son eventos sobre el arte, pero esto no importa. Siempre hay un pequeño espacio o rincón, hay formas de poder exponer tus obras en una sala o una esquina. Hablo de eventos de cualquier tipo. Puedes exponer en una cata de vino o una degustación de alimentos. Puedes hacerlo en un desfile de alta moda. También antes o durante un concierto musical. Incluso en las reuniones políticas y los comicios electorales. Si trabajas con la fantasía, verás que dentro de tu base de datos hay decenas de personas que cada semana organizan eventos para sus negocios, y que estarían honrados y encantados de darte un espacio para que participes como artista. A pesar de lo complicado que es volverse un experto o un coleccionista, el arte es algo que le fascina a muchas personas. Todo el mundo le tiene respeto, incluso los que no le muestran interés. Cualquier reunión de negocios o evento, es más bello, rico y respetable si viene con una exposición de arte. Esto nadie lo dice pero creeme que es así.

Si intentas meterte en un evento con una exposición de artesanías étnicas o conservas alimenticias, quizás no todos estén de acuerdo con eso. La idea no les gustará a todos porque podría parecer un puesto de venta ambulante o un acto no acorde al contexto. Pero si lo haces con obras de arte y eres formal, estás en internet, expones frecuentemente, tienes página web, estás en Wikipedia, ahí la música cambia.

Sí, porque todo el mundo le tiene respeto a eso, y todo el mundo estará honrado y orgulloso de enriquecer su evento con una exposición de arte. No importa que al organizador del evento le gusten tus obras o no. Cualquiera aceptaría con mucho gusto, enriquecer un evento con tus piezas. Los anfitriones te presentarán a todos sus invitados uno a uno, así el evento será una gran fuente de contactos para tu base de datos. También es importante que estés vestido elegante y preferiblemente acorde con el tema del evento, durante el cual tendrás que comportarte de manera formal y distinta. Entabla conversaciones con todos los que puedas, sé discreto y no trates de venderle a nadie. Este no es el momento ni el lugar oportuno. Estos eventos son solamente para darle visibilidad a tus obras y recoger contactos para tu base de datos. Las ventas las podrás realizar en otro momento.

Muchos invitados estarán encantados de conocerte, admirar tus creaciones y escuchar sobre ellas directamente del artista. Artista que está en Wikipedia, tiene su página web, sus tarjetas de presentación encantadoras, sus litografías autografiadas, su pequeño currículo de exposiciones y subastas realizadas, su sonrisa generosa, su bonito inventario de obras disponibles, y muchos planes para el futuro de su arte. Esto le encanta a todos y esta es la imagen que la gente tiene que llevarse de ti. Esta es la imagen de artista que le gusta a las personas. Esto es lo que le interesa a la gente a la hora de comprar una obra. Quieren llevársela y mostrarla con orgullo a sus amistades, mencionando dónde expusiste, dónde te conocieron, lo talentoso y amigable que eres y la gran trayectoria que tienes como artista. Te harán publicidad gratuita mercadeando con el boca en boca, la cual es la más sincera y eficaz forma de mercadeo para cualquier tipo vendedor y producto.

4.5 Recauda fondos para obras de beneficencia - Efecto multiplicador

Es muy importante ayudar a los demás y donar fondos en beneficencia, cualquiera sea tu trabajo. No importa qué tanto dones, lo que importa es que lo hagas con sentimiento y en proporción a lo que ganes. Recuerda que también un pequeño aporte, suma una preciosa ayuda para las personas en dificultad. Así que no tengas pena si tu aporte te parece muy poco, porque no lo es. Solamente tú sabrás qué es lo que puedes hacer para ayudar a los demás.

Recuerda que para ti es más fácil contribuir con aportes de beneficencia y te explico el por qué. El artista representa un multiplicador de dinero cuando se trata de recaudar fondos para donaciones. De hecho, no siempre tienes que donar dinero. Puedes subastar una litografía firmada, o una pequeña obra original y donar los fondos recaudados. Quizás el material te costó veinte dólares, y hubieras podido donar este dinero. Con el efecto multiplicador que tienes como artista, podrás donar mucho más. Un par de pinceladas y tu firma sobre un lienzo, pueden transformarse en un aporte mucho más grande que veinte dólares. Esto es el enorme poder del efecto multiplicador que tienes. Recuerda además que los compradores resultan ser más generosos si están comprando una obra tuya, cuyos fondos serán donados para ayudar al prójimo.

Conozco muchos artistas que lo hacen y se sienten muy felices gracias a eso. Los más exitosos, tienen incluso fundaciones privadas que se encargan de recaudar fondos para los que necesitan ayuda. Otros realizan mensualmente pequeñas obras sobre cartón o servilletas, para que puedan ser compradas por personas con toda clase de presupuesto. De esta manera cualquiera puede participar y aportar su valiosa ayuda. Otros artistas van a orfanatos para entretener a los niños con el arte. Otros más, visitan a convictos y drogadictos en recuperación y les ofrecen clases gratuitas. Cada uno hace lo que puede y es genial.

Te recomiendo organizar periódicamente una recaudación de fondos utilizando tus redes sociales para promocionar las obras. También dona obras a subastas de beneficencia cada vez que puedas. Invita tus colegas a hacer lo mismo. Invita a tus admiradores a participar a las subastas. Se llevan una obra y aportan donaciones al mismo tiempo, muchos de ellos van a estar honrados de participar. Tan solo porque eres tú que se lo estás pidiendo. Esto también es EFECTO MULTIPLICADOR de un artista. Recuerda que si tienes un número de seguidores y admiradores, grande o pequeño que sea, te quieren y te aprecian. Les encantará participar a tus iniciativas de beneficencia. Es una gran responsabilidad y es por eso que te recomiendo hacerlo.

Realizar beneficencia y participar a eventos de solidaridad, siempre es una buena cosa. Esto te ayudará también a ser más conocido y apreciado por el público. Pero por favor nunca lo hagas solamente para esta razón. Tienes todo un libro entero, que te habla sobre cosas que puedes hacer para incrementar las ventas de tus obras. No hagas beneficencia motivado por este interés. El aprecio y la estima de tus admiradores aumenta mucho cuando saben que donas en beneficencia, pero no lo hagas para este motivo. Disfruta silenciosamente este beneficio indirecto, y mótivate a ayudar a los demás solamente por sentimiento de solidaridad. Es lo correcto, y recuerda que entre más conocido y rico seas, más podrás ayudar a los que necesitan, con tus obras de arte.

4.6 Cómo cobrar tus obras de arte

¿Cómo piensas cobrar tus obras de arte? La primera respuesta obviamente es al contado. Pero no te cierres solamente a este método de pago. Hay varias buenas opciones más, que representan unas alternativas muy eficaces cuando la primera opción no sea factible. Tienes que pensar antemano en ofrecer formas de pago para los que compran una obra a distancia, y también alternativas que ayuden a los clientes que no disponen de todo el dinero para pagar una obra. Así que en base a estas necesidades, vamos a ver cuáles son las opciones de cobro que necesitas tener disponibles para tus clientes.

PayPal

Es la plataforma más famosa de pago en línea que existe. Abrir una cuenta es gratuito e inmediato. Podrás utilizar otras alternativas similares a PayPal, siempre y cuando hayas verificado que puedan enviar dinero a tu cuenta bancaria. Recomiendo inscribirte en las siguientes: PAYONEER, AMAZON PAY, GOOGLE PAY, APPLE PAY, SKRILL.

Abrir una cuenta en cada una de estas plataformas es gratuito y demora pocos minutos. Tenerlas abiertas y disponibles para recibir dinero, no te cuesta nada y representa una gran ventaja a la hora de cerrar una buena venta. No lo olvides.

Tarjeta de crédito

Si estás en una exposición de arte y alguien quiere comprarte una obra, lo más probable es que no cargue efectivo o chequera, pero sí tarjeta de crédito. Este plástico lo tienen disponible casi todos, siempre. Es sumamente importante que puedas aceptarla como forma de pago. Existen dispositivos portátiles que permiten que un teléfono inteligente o tableta se convierta en Punto de Venta (POS) para aceptar pagos con las principales tarjetas existentes en el mercado. Investiga bien en tu país, cuál banco o empresa ofrece este servicio y consíguelo lo más pronto que puedas. Es importantísimo.

Pago en cuotas

A los potenciales clientes que no tienen dinero al contado o tarjeta de crédito puedes ofrecerles un cómodo pago en cuotas. Donde sea posible, haz que te entreguen un cheque posfechado por cada letra que te deben. Para las obras más baratas puedes ofrecer pago en algunos meses, y para las más caras puedes extender un poco más el plazo. Nunca extiendas el pago a un plazo mayor a 2 años, porque es demasiado tiempo. En caso tal que el cliente no tenga chequera, cóbrale igualmente en cuotas. La decisión de entregarle la obra antes o después de terminar de pagar, la tomas tú, cliente por cliente, dependiendo del perfil de persona que tengas al frente. Al momento de firmar el contrato de venta en cuotas, siempre cobra un abono por lo menos del diez por ciento. Nunca vendas o separes algo sin cobrar abono. Sé que el pago en cuotas puede representar una opción incómoda para ti, pero recuerda que no es un gran riesgo, te costó solamente tu tiempo y el precio de los materiales. No quiero menospreciar esto, pero es mucho menos del precio de venta. Es un riesgo razonable que puedes tomar, si la única alternativa es anular la venta.

Intercambio

Otra opción más para cobrar tus obras de arte, seria intercambiarla con productos o servicios que necesites. Por ejemplo, si le quieres vender una obra de arte al dueño de una bodega de vinos, créeme que él estará entusiasmado de pagarte con sus botellas. Le conviene y va apreciar mucho tu flexibilidad. Esto es igual para cualquier otro productor o comerciante. Evalúa de cliente en cliente, cuándo vale la pena cobrar en productos en vez de no realizar una venta. Esto lo decides tú caso por caso dependiendo de la situación. Puedes consumir los productos o revenderlos entre amistades y familiares. También podrás revenderlos en internet, y si se trata de productos que pueden vencer muy rápidamente, negocia condiciones de entrega que te permitan consumirlos cómodamente. Podrás retirar la mercancía semanalmente o mensualmente, hasta agotar el monto que pactaste con el comprador de tu obra. No subestimes el poder de utilizar el intercambio, porque es una herramienta de negociación muy eficaz. Utilízala siempre como última estrategia pero no pienses que sea menos importante. Es obvio que tengas que darle más respeto y prioridad al pago de contado, pero hay clientes que no pueden pagarte una obra si no lo hacen con su mercancía. En toda mi carrera de empresario, puedo asegurarte que gracias al intercambio de bienes, he recuperado casi el veinte por ciento de las ventas que eran prácticamente caídas. Antes de aprender esta técnica, algunas ventas obviamente se me perdían. Por favor recuerda que la mayoría de las negociaciones que no llegan a buen fin, son porque el vendedor no acepta la forma de pago que el comprador tiene disponible. Si quieres realizar muchas más ventas y defender tu precio sin rebajarlo mucho, tienes que ser abierto y flexible a la hora de cobrar. Prepárate a recibir los pagos en todas las formas que te mencioné y potenciarás al máximo tus ventas.

4.7 ¿Cómo gano dinero mientras tanto que despego como artista?

Sé perfectamente que en más de una ocasión, mientras estabas leyendo este libro, te has preguntado cómo poder pagar tus gastos mensuales. Es decir cómo mantenerte económicamente mientras pones en práctica todo lo que estás aprendiendo. La respuesta es simple y decides tú cuál alternativa escoger. La primera opción es que busques un trabajo y mientras tanto en el tiempo libre te dediques a producir arte y mercadearla tal como te he comentado en este libro. Es una forma más lenta y dura para alcanzar tu sueño de vivir de arte. Pero considera que pagar tu alquiler, comida y gastos mensuales es indispensable para sobrevivir. No hay forma de evitarlo.

La segunda opción sería dedicarte a una de las siguientes actividades, que representan formas sencillas y eficaces para ganar dinero con tu talento artístico:

Freelancer

Existen sitios web, donde hay muchos clientes que necesitan realizar un proyecto y están buscando algún artista. Puedes explorar atentamente todas las propuestas disponibles y postularte para las que te gusten. No pagan mucho, pero funcionan bien y te permiten también adquirir poco a poco una clientela fija, que te va a recontratar cada vez que necesite algo. En estos sitios, hay mucha competencia por parte de otros artistas, por lo tanto es importante presentar ofertas interesantes y mantener una buena comunicación con todos. Dos de los sitios más populares entre los artistas son WWW.PEOPLEPERHOUR.COM y WWW.UPWORK.COM .

Vende impresiones por internet

Hoy en día es posible vender impresiones de tus obras en diferentes páginas de internet. Cuando un cliente compra una, ellos se encargan de producirla y de enviarla a su destinatario. Ellos cobran solamente una comisión mientras tú decides el precio de venta de cada una. Es una bonita forma de monetizar con tus dibujos, incluso cuando ya ganes bastante dinero como artista tradicional. No es difícil gestionar varias obras de arte en diferentes cuentas, así que te recomiendo mucho este método. Se trabaja solamente una vez para ponerla a la venta, y el resto llega automáticamente, sin necesidad de que aportes más trabajo de tu parte.

Ofrecer clases o cursos

Es una excelente manera para ganar dinero extra. Puedes realizarlo vía internet, especialmente si trabajas utilizando soportes digitales, creando una página web y vendiendo tus clases en las redes sociales. También puedes realizarlo offline. Hay muchas personas que quieren aprender a dibujar, pintar, esculpir, y cualquiera otra técnica relacionada con tu arte. Serás tú quien decida qué cosa enseñar y cómo hacerlo, adaptándote a cada alumno y al tiempo que tengas disponible.

Realizar trabajos por encargo

Interactuar con el cliente y realizar obras por encargo es una excelente manera de ganar dinero, por lo menos mientras tu carrera de artista despegue definitivamente. Sé que probablemente no sea una cosa que te guste mucho como artista, y que prefieres realizar obras impulsado por tu inspiración y no por un encargo profesional. Recuerda que tu prioridad en este momento es pagar tus gastos hasta que empieces a cosechar los frutos de tus obras. Pues es algo que harás solo temporalmente hasta que sea necesario.

4.8 ¿En cuánto tiempo voy a obtener resultados?

Esta es la pregunta del millón y no hay forma de poder tener una respuesta precisa. Lo que si tienes que aceptar, es que pueden pasar varios meses hasta que no empiecen a verse los frutos de tu trabajo como buen vendedor de tus obras de arte. Es por eso que es necesario tener fuentes de ingresos alternativas que te permitan pagar tus gastos mientras tanto. No hay forma de acelerar este proceso porque es complejo. Requiere constancia, paciencia, actitud y confianza en ti mismo. Si eres talentoso, estás produciendo obras bonitas y las estás mercadeando de la forma correcta, solamente hay que esperar que los frutos maduren para poderlos cosechar.

No hay forma de que ímpulses este proceso sin gastar mucho dinero en mercadeo, publicidad, eventos, exposiciones y viajes. Si cuentas con estos recursos, puedes decidir invertirlos, pero en caso contrario créeme que en los primeros tres capítulos has leído todos los pasos que hay que seguir para optimizar tus estrategias como vendedor de tu arte. En cuánto tiempo lograrás vivir de tu arte, dependerá de muchos factores relacionados al lugar del mundo en donde estés, lo que cuesta mantener tu estilo de vida, y por supuesto a tu tipo de arte. Para que tengas una idea, en términos generales en menos de un año pueden llegar resultados sorprendentes, mucho mejores de los que obtendrías sin utilizar estrategias de venta adecuadas.

Resumen de las acciones del cuarto capítulo

- Participa en todas las subastas de arte que puedas.

- Postúlate para todos los concursos de arte posibles.

- Organiza frecuentemente exposiciones, también compartidas con otros artistas o empresas.

- Participa en eventos culturales y expón tus obras donde sea posible.

- Organiza frecuentemente recaudaciones de fondos para beneficencia.

- Inscríbete a PayPal y a la gran mayoría de las plataformas de pago online.

- Si necesitas ingresos de dinero extra, averigua cuál es la mejor entre las opciones disponibles. La que más se acopla a tu disponibilidad de tiempo y estilo de arte.

- Dicta clases o cursos de arte.

- Trabaja por encargos, donde tu estilo de arte lo permita.

CAPÍTULO 5

RECOMENDACIONES Y COMPORTAMIENTOS

5.1 ¿Por qué este capítulo?

Como dije desde el principio, yo no te hablé de asuntos técnicos sobre tus obras de arte. Tampoco he tocado temas psicológicos sobre cómo mantenerte inspirado, producir muchas obras e innovar tu estilo. Estos son temas que se salen del objetivo que tiene este libro. También hay que decir que no estoy capacitado como psicólogo, tampoco lo estoy como crítico de arte o como artista. Así que cualquier asunto relacionado al arte, motivación personal e inspiración artística lo dejo a otros que sean más expertos que yo en este campo. No me atrevo a escribir sobre este tema porque es muy probable que me equivoque y esto te haría daño a ti como artista y a mí como escritor.

No obstante, lo que acabo de decir, te recuerdo que soy empresario y coleccionista de arte. Sé cómo se venden las cosas, y sé que es lo que busca un coleccionista comprador. Lo sé porque estoy en este mundo como aficionado. Compro obras de arte que me gustan y están al alcance de mi bolsillo, hablo con personas que comparten mi pasión por el arte, aun no trabajando en este mundo. Yo sé lo que busca un apasionado, sé lo que busca un especulador y sé lo que busca una persona cualquiera cuando compra una obra de arte. Todo los consejos que leerás en este capítulo, son opiniones estrictamente personales. Puede ser que no estés de acuerdo con todos, o que algunos de ellos no sea adecuado para tu tipo de arte o personalidad. Reflexiona con atención en base a tu estilo y perfil como artista y sabrás cuál consejo es útil y cuál no.

5.2 Hablando de tu ropa

Probablemente no estés de acuerdo con lo que diré en este párrafo o no te gusten mis consejos sobre la ropa. No te preocupes, porque no es una crítica a tu forma de vestir y tampoco es indispensable que tú lo sigas. Puedes tener éxito como artista vistiéndote de cualquier manera. Es solamente una opinión personal sobre lo que veo en los eventos.

Me encantaría ayudarte a considerar tu vestimenta, más como un uniforme de trabajo, que como ropa que hayas elegido tú. Recuerda que en la vida, COMO TE VEN TE

TRATAN. Puede parecerte triste pero es cierto. Vestir de la mejor manera en tus eventos, mejora mucho tu imagen frente a los ojos de los potenciales clientes. Esto es extremadamente importante ya que son personas que probablemente estén para comprarte una obra de arte. La venta es tu única finalidad y tu ropa representa un uniforme de trabajo. Dudo mucho que un gerente de multinacional o un abogado siempre quieran vestir en saco y corbata. Lo hacen porque tienen que hacerlo, y es por la misma razón, que tú también respetes ciertos protocolos si esto te ayuda a nivel profesional. En tu trabajo, la mejor forma de vestir es la que ayuda a optimizar ventas y rendimientos, siempre y cuando haya comodidad, dignidad, decencia y buen gusto. Vestir elegante no te vuelve un mejor profesional o una mejor persona, pero influencia la opinión de los demás sobre ti. Si piensas que no importa la opinión de los demás sobre cómo estas vestido, recuerda quién firma los cheques para comprar tus obras. Necesitas que todos vean siempre la mejor versión de ti. Tu aspecto, tu personalidad y tu imagen de artista tiene que ser tan brillante que pueda alcanzar a iluminar tus obras de arte y le suba el valor a cada una. Tus obras son solamente el reflejo de tu talento, su precio depende solamente de ti y de cómo las presentes al público.

Realmente no importa qué tan formal vistas, cuánto cueste tu ropa o qué tan extravagante sea. Eres un artista y tu vestimenta puede ser parte del personaje que creaste.

Lo que sí importa es vestirte decentemente. Mujer u hombre que seas, tienes que utilizar ropa en buen estado, que no sea desgastada, que se vea limpia, que no tenga impresas escritas o imágenes indecentes. También te recomiendo evitar ser demasiado sexy, porque esto podría generar celos en la pareja de algún invitado. Es algo contraproducente para tu colección de contactos. Recuerda que en los eventos quieres hablar con las personas y recolectar la mayor cantidad de contactos posible. Si vistes demasiado sexy, alguien probablemente no podrá acercarse a ti, y esto no es bueno. Recuerda siempre que eres un artista y puedes vestir extravagante, pero con ropa limpia, decente y en buen estado.

Deja en el pasado la imagen del artista bohemio, pobre y desconectado de la realidad. Hoy en cualquier parte del mundo hay posibilidad de comprar ropa nueva, bonita y barata. Un artista hoy en día es mejor que se presente al público bien vestido, extrovertido y brillante. Los tiempos han cambiado. Hace muchos años los artistas pobres no tenían acceso a los salones y a los eventos múndanos. La posibilidad de participar en ellos, no la tenían ni siquiera artistas del calibre de Vincent Van Gogh. Pintaban para venderle a los ricos y solamente podían frecuentar a los pobres. Hoy en día gracias a los cambios de la sociedad moderna, todo esto es posible. Tienes que aprovechar de esta gran oportunidad que se te ofrece. Utiliza tu imagen y tu vestimenta, para crear un personaje que vende muchas obras de arte. Crea una excelente marca que habla de ti como artista y como personaje. Un lienzo no se vende solamente porque está barato o técnicamente impecable. Se vende porque es tuyo.

5.3 La actitud correcta

Puede ser que seas una persona tímida, reservada y de pocas palabras. Independientemente de eso te recomiendo que cuando estés entre la gente, adoptes una actitud sociable y extrovertida. Esta es una regla que vale para cualquier trabajo de venta. Para un artista es mucho más importante ya que en la mayoría de los casos eres el único que puede impulsar oportunamente la venta de sus obras. Trata de hablar mucho con las personas, sonríe y sé amable siempre. Cada vez que sea oportuno, no dudes en decir que eres artista. Este tema les gusta a muchas personas, también a las que no están interesadas en el arte. Querrán hacerte preguntas y ver tus otras obras. Será una ocasión excelente para pedir el contacto de tus interlocutores e invitarlos a un evento o a tu taller de arte. Nunca pierdas la oportunidad de pedir un contacto y enriquecer tu base de datos. Es un recurso muy valioso. Trata siempre de comportarte de una manera que no genere algún tipo de antipatía en los demás. No estoy diciendo que tienes que caerle bien a todo el mundo. Pero préstale atención a no adoptar comportamientos antipáticos, porque el que va a pagar las consecuencias eres tú y nadie más. Tienes que ser amable y sonriente con todos, porque esto genera simpatía y buena predisposición a comprarte o hablar bien de ti como artista. Nunca excedas en bebidas alcohólicas, lo cual podría ponerte en ridículo delante de los demás. Recuerda que tu trabajo no es solamente producir una obra de arte. Cuando participes en un evento cultural o una fiesta, considéralo un trabajo. Cuando estés en una exposición o una subasta, tambien es un trabajo. Cuando estés conversando con personas que son tus potenciales compradores, estás trabajando. Así que toma con moderación y mantén siempre una actitud buena y un comportamiento impecable.

5.4 Imagen que la gente quiere tener de ti

Cuando un potencial comprador quiera llevarse una obra de arte tuya, lo hace motivado por dos razones:

- Le gusta estéticamente la pieza y la quiere utilizar para decorar su hogar u oficina.

- La considera una inversión porque piensa que tú vas a crecer como artista, y como consecuencia los precios de tus obras también. En algunos casos es una combinación de estas dos cosas.

Por ninguna razón del mundo una persona te compra una obra que no le guste o que piensa que no aumente de precio en el futuro. ¿Cómo hace la gente común para evaluarte como artista y tener una idea sobre el crecimiento de los precios de tus obras a futuro?

La mayoría de las personas no tiene idea, y quizás tú tampoco la tengas.

Nadie puede saber qué suerte tendrás en tu carrera en los próximos años, así que lo único que pueden evaluar es el aspecto de tus obras y la imagen que tienes como artista.

¿Qué es lo que buscan en ti para convencerse que es buena idea comprarte una obra y pagarla el precio que le pides?

Primeramente buscan un descuento, para tener la idea de haberla pagada a menos de lo que vale realmente. Esto es muy fácil de demostrar, porque tú tienes tus obras en eBay, en las galerías de arte y en los clasificados. Las tienes anunciadas a precios altos y le estás dando un descuento especial porque te están comprando una obra en persona. El comprador valora mucho este tipo de descuento. La expondrá y lucirá con orgullo y va a decirle a todo el mundo cómo se llama el artista que le ofreció un descuento especial por haberle comprado personalmente una obra. Se sentirá honrado y hablará muy bien de ti con sus amistades y familiares. Algunos de ellos te van a contactar para felicitarse contigo y pedirte que por favor le vendas una obra con el mismo descuento. Por supuesto que sí.

Ya te darás cuenta de cómo, en esta etapa, estás empezando a cosechar todo lo que sembraste anteriormente.

Los compradores en la mayoría de los casos no saben nada de arte, y buscan a un artista que esté en Wikipedia, que tenga su página web, que esté activo en eventos de subastas, concursos y exposiciones, que les cuente sus planes futuros acerca de los eventos que va a realizar. Buscan una persona con trayectoria profesional, que le dé la idea de mantenerse muy activo y presente en todos los eventos. Quieren ver en ti, alguien que trabaje duro para seguir creciendo como artista. Algunos clientes se sentirán parte de un equipo, que tiene que trabajar junto a ti para aumentar tu fama de artista y el valor de tus obras. Tus clientes hablarán muy bien de ti y promocionarán tus obras sin pedirte nada a cambio. Tienes que valorar mucho esto y utilizarlo como recurso para crecer.

Si aplicas todas estas estrategias con determinación y continuidad, las personas van a ver en ti la imagen de artista profesional y exitoso, cuyas obras subirán de precio. Entonces estarán dispuestos a pagarte lo que pidas para cada una de ellas. El mundo está lleno de artistas creídos, antipáticos, locos, pocos sociables, mal vestidos y que nadie comprende. No seas uno más de ellos. Puede ser que no comprendan tu arte, pero comprarán una obra tuya si les agrada la persona que eres y la imagen de artista que creaste, siguiendo a la letra todos los puntos de este libro. Piénsalo bien, es así.

5.5 Cómo mantenerte en contacto con clientes y seguidores

Es muy importante que te mantengas constantemente en contacto, con todos los que aprecian tus obras de arte. La interacción constante y el contacto directo con ellos, te permitirá aumentar aún más el número de tus seguidores y como consecuencia también las ventas. Tendrás dos tipologías diferentes de aficionados. Los que están en tu base de datos y los que están en tus redes sociales. Cada uno de ellos requiere una política diferente para que la interacción sea productiva.

Los que están en tu base de datos son todas personas que has conocido personalmente y te han dado su contacto en alguna exposición o evento. A estas personas les puedes llegar más directo porque tienes sus correos electrónicos y sus números de celulares. Envíales un email cada vez que tengas una obra nueva que presentar, una exposición o evento a los cuales los quieres invitar. La mayoría de ellos estarán honrados y felices de saber de ti. Los números de teléfono los tienes que usar con más discreción, es decir más raramente y solamente para una invitación directa a un evento. Es importantísimo que le escribas mensajes personalizados a cada uno, saludando cordialmente, mencionando su nombre, y agradeciendo por adelantado su atención o participación al evento. No mandes cadenas de mensajes por ninguna razón, a menos que ya no tengas centenares de contactos y te quede imposible personalizar el mensaje a cada uno. En este caso personaliza el mensaje solamente a los que ya te han comprado una obra o los que conoces muy bien. Es el mínimo que puedes hacer para ellos. **Consejo importante**: nunca mandes ofertas comerciales directamente a su WhatsApp. Es demasiado invasivo e indiscreto. Envía tus ofertas por correo electrónico ya que es más discreto y profesional. Esta categoría de personas representa un grupo selecto de apasionados que te conocen muy bien y te admiran. Cada vez que sea posible, regálale algo como agradecimiento por ser tus fanáticos. Algunas ideas para regalos geniales, impactantes y económicos son:

Realiza una obra dedicada solamente a tus admiradores y enviáselas por vía digital en alta resolución. Declara que mantendrás la original en tu colección permanente entre las obras que no están a la venta. Recomiéndales imprimirla y llevarla al próximo evento que vas a organizar, para que se la firmes.

- Escribe un pequeño e-book con tu biografía, algunas historias interesantes sobre tu arte y envíalo como regalo a todos tus fanáticos.

- Organiza una clase de arte e invita solamente a tus admiradores. Cada uno podrá invitar solamente una persona.
- Envíales una encuesta digital preguntándole cuál quieren que sea el tema de tu próxima obra. También funciona preguntarle, dónde quisieran que organizaras tu próxima exposición.

Tus fanáticos estarán felices de que interactúes con ellos de esta forma. Recuerda que después de ti y quizás de algunos familiares, son ellos los que más te admiran como artista y aprecian tus obras.

Obviamente la gestión de los seguidores en las redes sociales es muy diferente a la de tus contactos directos. Recomiendo un mínimo de 3 post semanales y un máximo de uno diario para Facebook e Instagram. Funciona una foto, un video o una historia, tú decides de qué manera comunicarte en cada red social. Recuerda que es importante utilizar material y contenido cultural de alta calidad, resoluciones excelentes, y nada de demencia o sensualidad a menos que esto sea parte de una obra. Para YouTube recomiendo que publiques video cursos sobre tus técnicas, videos mientras elaboras las obras, video de eventos y exposiciones, entrevistas que te hayan hecho, y cualquier otro material cultural de alta calidad, que esté relacionado a tu perfil de artista. No improvises nada porque se ve poco profesional. Recuerda que todo lo que hagas tiene que ser coherente y acorde a tu perfil de artista. Mejor que tus contenidos relacionados a tu trabajo sean serios, profesionales y culturalmente interesantes. Si no es así mejor no postees nada. Mancharías la imagen y la reputación profesional que te construiste como artista. Un detalle importante es que no llenes tus redes sociales de tus obras de arte. Publica también contenidos de otros colegas y detalles de tu vida fuera del arte. Un perfil solamente enfocado en tus creaciones, se parece más a un catálogo de productos que a una interesante fuente de contenidos.

5.6 Cómo manejar las críticas

La correcta gestión y manejo de las criticas representan un tema muy delicado, complejo y amplio hasta el punto que se podría escribir un libro entero sobre él. Saber cómo manejarlas correctamente, es muy importante para cualquier tipo de persona, cualquiera sea su trabajo. Para no alejarnos del tema del libro, hablemos solamente de las críticas que una persona recibe en ambiente laboral. Usualmente cualquier empleado, empresario o vendedor recibe críticas por parte de clientes, colegas, superiores o subordinados, siempre sobre temas de trabajo y por parte de personas relacionadas o involucradas a su ambiente laboral. Para un artista no siempre es así. El hecho de exponer tus obras en público o en las redes sociales, te expone también a críticas de parte de personas que no son tus clientes, ni tus empleadores. Personas que comentarán tus obras sin estar interesados y peor aún sin conocer nada de arte. Lastimosamente esta tipología de críticas representa la mayoría de ellas y tendrás que estar bien preparado, para reaccionar de la mejor manera cada vez que recibas una.

De antemano quiero recordarte que las críticas no son dirigidas a ti como persona o como ser humano. La mayoría de ellas será hacia tus obras de arte. Es normal que haya personas que no aprecien tus creaciones. Además aunque fueras el mejor artista del mundo en tu campo, no puedes agradarle a todo el mundo. No hay manera de que tú realices obras de arte que le gusten a todos. Eres un artista y tus obras son el fruto de tu cultura, visión, inspiración y sentimiento. No tienes que gustarle a todos, no es necesario. Lo importante es que tus obras le gusten a un selecto grupo de aficionados, y que tú sigas en contacto con ellos para alimentar constantemente su pasión para ti. Piensa que no eres un político, que necesita un mínimo de electores que voten por ti, o no vas a ser elegido. Ni siquiera Gandhi o Juan Pablo Segundo, pudieron contar con el apoyo incondicional de todos. Había muchas personas que los detestaban. Recibieron maltratos físicos, insultos, balas, y aun así fueron súper exitosos. Nunca se dejaron vencer o intimidar por las personas que no los admiraban. No pretendas que tus obras les guste a todo el mundo.

Otro punto importante a tu favor, es que puedes utilizar las críticas como recurso para crecer como ser humano y como vendedor. Si eliminamos los insultos directos a ti como persona o a tu familia que usualmente llegan por las redes sociales, el resto son para tus obras de arte y esto a veces te puede ayudar.

Cuando recibas críticas sobre los precios muy altos de tus obras, no le digas a la persona que quizás sea porque él no tiene los recursos para comprarla. Probablemente sea así, pero responde amablemente que intentarás pensar en obras más pequeñas y accesibles para todos, siempre y cuando sea posible expresar adecuadamente tu forma de arte.

Cuando recibas críticas sobre los tamaños muy grandes, responde lo mismo, y aprovecha para evaluar realmente si vale la pena, producir obras de tamaños más pequeños. Quizás aumentes tus ventas y sea gracias a estas críticas.

Cuando recibas comentarios acerca de temas relacionados a tu arte tales como colores, formas, sujetos, simplemente dile que en esta etapa de tu vida como artista, esto es lo que sientes y de esta forma logras expresarlo. Quizás en otra etapa, tengas inspiraciones diferentes que te lleven a producir cosas diferentes.

Cuando recibas criticas acerca de los eventos o exposiciones que orgánices, escucha con atención porque en este caso también, podrías beneficiarte y mejorar ciertos detalles que subestimaste.

Agradécele siempre con sinceridad, a todos los que se toman la molestia de comentar una obra tuya. Bueno o malo que sea el comentario, representa un oportunidad para que mejores. No lo olvides nunca. Hasta ahora hemos hablado solamente de críticas realizadas cara a cara. Para las críticas y los comentarios que recibes en las redes sociales, vale lo mismo. Responde amablemente y agradéceles siempre a todos. Utiliza estos comentarios para mejorar y no para desmotivarte.

También cuando recibas opiniones duras por parte de críticos de arte o expertos, nunca las ignores. Son valiosas y eventualmente las necesitas para mejorar tus ventas. Recuerda que tú decides si recibir una crítica como un golpe en la cara o como un valioso recurso. Solo depende de ti.

5.7 Tus obras en objetos, accesorios, gadgets. Pro y contra

Hay formas de monetizar tu talento artístico vendiendo accesorios personalizados. Existen muchos gadgets que puedes personalizar con tu arte pero maneja este tema con cuidado porque no se presta para valorar a todos los artistas.

Solamente mencionaré algunas, y queda a tu buen criterio evaluar si es apta para tu perfil. Cada una tiene pro y contra, dependiendo del tipo de artista que seas, y de la naturaleza de tus obras de arte. Escoger la forma apropiada es extremadamente importante y es la única cosa que le da un sentido a una estrategia comercial.

Francamente no siempre me ha gustado lo que he visto y por esto quise escribir este párrafo. Tienes que elegir solamente un producto que tiene un sentido culturalmente compatible con tu arte. Explicaré bien lo que quiero decir para luego pasar a algunos ejemplos prácticos. Tu finalidad como artista es vender obras de arte y vivir de eso. Cualquier cosa que hagas, está bien siempre y cuando sea algo que mejore la visibilidad de tus obras, la imagen de ti como artista e impulse tus ventas.

Tú quieres valorarte como artista y ganar dinero. Hay cosas compatibles y cosas que no lo son. Solamente tú podrás elegir lo que es mejor para ti. Si eres un pintor o un escultor, lo que en mi opinión, mejora tu imagen y te da más visibilidad y prestigio es poner tu obra en la etiqueta de un buen vino, en la portada de un libro, en el manifiesto de una obra teatral etc.

Son cosas que mejoran e incrementan tu valor artístico y cultural.

Lo que no le beneficia a tu perfil de artista es imprimir tus obras sobre tazas, platos, camisetas, zapatos, llaveros, bolsos y accesorios. No te recomiendo hacerlo, porque darías la idea de no ser exitoso con las ventas de tus obras y de estar buscando otras maneras de salir adelante. No hay nada malo en que busques otras fuentes de ingreso, pero no lo hagas con tus obras de arte. Aunque tengas éxito y ganes algo de dinero, esta estrategia seria como remar en contra de tu carrera como artista.

Si deseas meterte en este negocio puedes hacerlo, pero no utilices tus cuadros u obras, ni tampoco firmes con tu nombre. Utiliza material completamente nuevo, diseña cosas aparte para cada proyecto. Cosas que te den una nueva identidad como diseñador de camisetas, o de bolsos por ejemplo. De esta manera creas un artista independiente de tu imagen como artista tradicional. Son dos cosas muy distintas y no siempre es conveniente mezclarlas.

He conocido pintores muy talentosos, que exponen en museos de arte contemporánea y al mismo tiempo venden gorras pintadas a mano por ellos. He visto algunos que también pintan zapatos, camisetas, botellas de plástico para gimnasios. No le veo nada malo en personalizar estos accesorios, pero ya no se trata de un trabajo de artista, se trata de un trabajo de artesano. No quiero ser malinterpretado por lo que acabo de decir. No hay nada malo en trabajar como artesano, pero si lo haces reproduciendo y copiando tus obras de arte, darás la idea de ser un artista sin éxito.

Dudo que te rinda mucho realizar este tipo de trabajo artesanal. Usualmente la emoción es tanta al principio, pero desvanece cuando te das cuenta de todo el tiempo que te cuesta realizar estos productos para luego venderlos muy baratos. Estos objetos no tienen el mismo margen de ganancia que te ofrece tu arte en su forma tradicional.

Si quieres trabajar también como artesano, puedes hacerlo contemporáneamente a tu carrera de artista. Pero hazlo con un perfil y una marca diferente del artista que ya eres. Crea otro estilo, algo que tenga una identidad propia y que no se identifique con tus otras obras. Firma con un nombre artístico diferente. Esto te puede ir muy bien, si encuentras la fórmula apropiada, pero no hagas nada que pueda remar en contra de todo el trabajo que realizas para crecer como artista tradicional.

CAPÍTULO 6

CONSEJOS MOTIVADORES

6.1 - Busca inspiraciones

Ya hemos llegado casi al final de tu proceso de aprendizaje. Ahora ya sabes cuáles son las cosas que hay que hacer para maximizar las ventas y así llegar a vivir solamente de los frutos de tus obras de arte. Este es el sueño de todo artista. Si te faltan ideas o inspiraciones, te recomiendo leer mucho, viajar si es posible, visitar exposiciones y hacer todo lo que te haga sentir bien. El solo hecho de trabajar duro y determinado en tus obras, te va a guiar hasta la inspiración. Si te faltan recursos económicos para salir adelante, empieza poco a poco y trabaja en otra cosa mientras tanto, pero no renuncies a tu sueño, porque solamente tú podrás hacerlo realidad. Recibirás apoyo pero nunca nadie podrá hacerlo por ti.

6.2 – Busca entrenadores que te ayuden a crecer

¿Sabías que todo los profesionales exitosos tienen uno o varios entrenadores? Obviamente no me refiero a personas que trabajen exclusivamente para ti, sería demasiado costoso y solamente pocos pueden permitirse un gasto así. Estoy hablando de buscar personas que te ayuden a mejorar aspectos de tu profesión, en los cuales eres más débil y menos preparado. Todos somos muy buenos en algunas cosas y menos buenos en otras, y para optimizar el rendimiento de nuestros negocios tenemos que asesorarnos con profesionales justo en las áreas donde somos más escasos. Puedes tener un entrenador, que te ayude a analizar estrategias de producción de obras, ahorrar en materiales, optimizar los tiempos de producción y elegir los temas que están más de moda en el mercado. También otro que se encargue de diseñar una estrategia de venta hecha a medida para tu perfil profesional. Los artistas y las obras no son iguales, y las estrategias necesitan pequeños ajustes para ser siempre eficaces. No estaría mal también tener a alguien que te asesore en tu imagen personal. Hay muchos campos en los cuales se pueden necesitar ayuda de profesionales para mejorar nuestros ingresos. Tu finalidad es vivir de tu arte, y para este objetivo vas a necesitar pequeñas ayuditas que te harán la vida más fácil y volverán más efectivos tus esfuerzos profesionales. Hay entrenadores muy buenos que te prestarán sus servicios a distancia y te costarán muy poco, comparados con los beneficios que te traerán sus asesorías. No dudes en contactarlos y utilizarlos.

6.3 – Vende tus obras por los beneficios que traen y no por las características que tienen

Sin importar cuáles sean las características de un producto, en cualquier transacción comercial, el comprador se decide cuando les gustan los beneficios que va a obtener con lo que compra. Con el arte pasa lo mismo. Para esto cuando estés negociando con un potencial cliente, no le hables solamente de las características o técnicas de una obra, tales como materiales y medidas. Esto no lo va a convencer a comprártela. Para vender tienes que enfocarte en mostrarle al cliente los beneficios que obtendrá con tu obra. Puedes decirle que su oficina se verá más colorida al exponerla, su sala más luminosa, su apartamento más elegante. También le dirás que en base a tus estrategias comerciales, los precios de tus obras aumentarán mucho en los próximos 5 años. Esto es lo que todos quieren escuchar. Dependiendo del tipo de arte y de obra que tú vendas, deberás siempre enfocarte en los beneficios que ellas traen y no solamente de sus características técnicas.

6.4 - CONSEJOS

Consejo para profesores de arte

Si eres un profesor que enseña en una escuela o academia de arte, espero que este libro te haya gustado al punto de recomendarlo a tus estudiantes. Sé que esto quizás se salga de tu materia o responsabilidad profesional hacia ellos, pero es algo que sin duda alguna le servirá apenas terminen sus estudios y salgan de la escuela. No dejes que ninguno de ellos, se vea obligado a reprimir su talento y renunciar a su carrera como artista, por no saber cómo comercializar sus obras. Sería un placer y un honor para mí, contribuir al crecimiento humano y profesional de tus alumnos. Son muchachos que han estudiado el arte porque la aman. La gran mayoría de ellos quiere vivir del arte y con el arte, porque de esto están hechos. Sus vidas van a ser mucho más cómodas y exitosas si alguien les enseña a vender sus obras. Un artista talentoso, es más completo y exitoso si sabe cómo vender sus obras al mejor precio.

Consejo para estudiantes de arte

Si eres un estudiante de arte que está a punto de salir de la academia y entrar en el mundo de los artistas, nunca renuncies al sueño de vivir de tus obras. Al principio quizás sea muy duro, pero poco a poco lo lograrás. Tienes que ser fuerte y determinado para llegar a cosechar buenos frutos. Nunca te desanimes, ni en los momentos más difíciles. Tienes talento y lo sabes, solo tienes que encontrar inspiración para producir obras y disciplina para venderlas. Aprender a vender tus obras de arte, volverá tu vida más fácil.

Consejo para padres de aspirantes artistas

Si tu hijo es un artista y quiere vivir de eso, me imagino que estarás extremadamente preocupado por su futuro. Un buen padre siempre se preocupa por la estabilidad económica de sus hijos, y esto es algo muy noble de tu parte. Además, solo el hecho de pensar que él deberá pagar sus gastos y mantener a su familia con ingresos procedentes de sus obras de arte, te tiene con un nudo en la garganta. Es comprensible y normal sentir lo que sientes. Si me permites darte un consejo, no trates de oponerte a su camino y no te interpongas entre él y su deseo de vivir de arte.

Si puedes ayúdalo a aprender a vender. Los artistas son personas muy especiales porque pertenecen a la categoría de trabajadores que adoran su trabajo. No hay muchas personas especiales como ellos en el mundo. La gente normalmente trabaja 8 horas al día de mala gana, espera con ansiedad el fin de semana, y se dedica a lo que le gusta, solamente en su tiempo libre. El artista no. Él se dedica a lo que le gusta, todos los días, aunque esto signifique inestabilidad económica y escasez de dinero. El arte es su pasión, su energía y su trabajo. El arte es su vida. No te interpongas entre una persona y su amor por el arte, tampoco si se trata de tu hijo. Apóyalo y ayúdalo si es necesario, porque el mundo necesita más artistas exitosos y menos trabajadores de mala gana. Hay varias formas de poder ayudar a un hijo mientras trata de buscar su espacio en el mundo del arte.

Algunas son muy obvias como suportarlo económicamente para que estudie, consiga herramientas, se mantenga mientras mueve sus primeros pasos como artista y cualquier otra tipología de ayuda material. Pero hay una forma de ayudarlo que no es tan obvia y está entre las más importantes: Tu apoyo emocional como padre. Nadie más que un artista, que vive de amor e inspiraciones, necesita apoyo emocional de parte de sus familiares.

Hazle sentir que lo apoyas, que estas con él y que crees ciegamente en su talento. Ayúdalo a extender invitaciones a amistades y familiares para que participen en sus exposiciones, y trata de darle cualquier ayuda que sea posible. Repito, que nadie más que un artista necesita apoyo moral de parte de sus padres. Y si te preocupa mucho su futuro económico, lo único que podrías hacer es tratar de convencerlo a buscar un trabajo en el día y dedicarse al arte en la tarde. De esta manera tendrá un poco más de estabilidad económica y no dependerá solamente del arte, cuyos buenos resultados podrían tardar un poco en llegar.

Ayúdalo a equilibrar su vida, pero no te opongas a su pasión por el arte. Las cosas han cambiado mucho en el mundo del trabajo. Ya no es como antes. Te recuerdo que hoy en día es más fácil ganar dinero como artista gracias a todas las herramientas y los medios de comunicación. Por otro lado, ya no es tan fácil ganarse la vida con una carrera profesional tradicional como antes. Hoy quiebran multinacionales, bancos, compañías de seguro, incluso países enteros. Los tiempos cambian y la economía también. Es necesario que tú también cambies la forma de pensar acerca del dinero y del mundo del trabajo.

Consejo para familiares y amigos de artistas

Si estás leyendo este libro y no eres artista, quizás tengas algún amigo o familiar que sí lo es. Adivina: Por supuesto necesita un poco de tu valiosa ayuda. Con esto no estoy diciendo que le tengas que comprar una obra. Probablemente no te interese el arte o no te gusten sus obras. Quizás no tengas presupuesto para invertir en eso, pero seguramente podrás ayudarlo con pequeños detalles que no te cuestan nada, que te entretienen y alimentan tu cultura al mismo tiempo. Cuando haya un evento o una exposición participa e invita tus amigos, seguramente te va a gustar. Tomarás una copa de vino, conocerás personas nuevas y te alimentarás de emociones culturalmente interesantes. También postea sus invitaciones a eventos y contenidos de calidad en tus redes sociales. No te cuesta nada y es de gran ayuda. El arte es algo fabuloso y siempre es bueno apoyar estas iniciativas. Todos salen ganando.

Consejo para influencers y proveedores que negocian con un artista

Si eres un influencer de los que sabe cómo monetizar sus redes sociales, probablemente a veces te topes con artistas que te pidan promocionar sus obras con post e historias. No te pido que regales tu trabajo, pero sí puedes ofrecerle un descuento o una ayuda, seria genial de tu parte. Los artistas cuentan siempre con pocos recursos para promocionar su arte y sus eventos. La mayoría de ellos ganan muy poco y sigue trabajando en el arte por puro amor y sentimiento. Si los apoyas, lo estarás haciendo para una causa noble. Trátalos siempre de una forma especial. Considera que tu servicio no tiene costos de mano de obra o materia prima, solo se trata de un post y tienes margen para ofrecerle un generoso descuento.

Si eres un proveedor de productos o servicios, probablemente tendrás márgenes más bajos de los que tienen los influencer. Pero donde sea posible, te invito a que apoyes los artistas, lo más que puedas. Todos le debemos algo al arte. Si consideramos todas las veces que hemos disfrutado de las emociones de un cuadro, una estatua, una porcelana o cualquier otra forma de arte que hayamos admirado de cerca, la mayoría de ellas fue gratis o nos costaron el valor de una pizza. Todos hemos recibido del arte más emociones y energía de lo que hemos pagado por ellas. Por esto es que todos estamos en deuda con el arte y todos debemos apoyarla como podemos. Representa un patrimonio de la humanidad y hay que ayudarla a crecer.

Consejo para ti– **CREA TU MARCA Y TU SELLO COMO ARTISTA**

Las personas tienen que reconocer tu estilo artístico a distancia. Si ven una obra tuya deben reconocerla solamente por el estilo, sin ver la firma. Si lo logras, habrás logrado tener tu sello como artista.

Este consejo no tiene nada que ver con las estrategias de venta, frecuentemente conozco artistas que lo necesitan. El primer objetivo que tienes que lograr, después de haber salido de una academia de arte es personalizar tu estilo y caracterizar tus obras. No solamente es necesario firmar una obra con tu nombre, y emocionar al observador con tus técnicas y tu talento. Tus obras mismas tienen que ser una firma. Tus obras tienen que asociarse inmediatamente a ti, por el solo hecho de ser como son y verse como se ven. Cuando observas una obra de Van Gogh de lejos, puede ser autentica o una réplica pero el solo hecho de verla, identifica el autor sin leer la firma. Cuando logres que tus obras sean reconocibles e identificables como tuyas tan solo con verlas de lejos, entonces has logrado poner tu marca. Esto es indispensable para que los coleccionistas de arte se enamoren de ti como artista y te reconozcan siempre. Eres un artista y sabes a qué me refiero. Esfuérzate mucho para encontrar tu sello como artista.

Consejo para ti – VUÉLVETE EMPRESARIO Y EL MEJOR VENDEDOR DE TU ARTE

Si quieres vivir de tu arte, tienes que aprender a vender. Transfórmate en empresario y en el mejor vendedor de tus obras de arte. Eres el que piensa, realiza y posee las obras. Nadie puede venderlas mejor que tú, y lo lograrás siempre y cuando tengas disciplina aplicando las estrategias de venta adecuadas.

Consejo para ti – TU ARTE NO ES PARA TODO EL MUNDO

No cometas el error de pensar que tu arte sea para todo el mundo, porque no es así. Sería algo bien difícil de lograr y no le veo ningún sentido lógico o comercial. Tu arte debe ser para un nicho específico, un selecto grupo de personas que sienten emoción cuando admiran una obra tuya. Si intentas agradarle a todo el mundo, te vuelves un artesano por encargo. No hay nada malo con esto, pero no serias un artista. Crea una comunidad de personas que se identifiquen con tu sello artístico. Interactúa con ellos con frecuencia y te admirarán cada día más.

CAPÍTULO 7

CÓMO CREAR 104000 DÓLARES DE OBRAS POR VENDER

Decidí crear un capítulo aparte para hablar de este argumento, en vez de ingresarlo como párrafo en uno de los anteriores. Es un tema muy interesante. En el mundo del arte, el valor de una obra no depende de los materiales que se utilizaron para crearla. Depende de quién fue el que la realizó. La firma del autor determina generalmente el rango de precio, mucho más que los temas, los materiales utilizados y el lugar en dónde fue realizada. Una obra hecha por un artista desconocido que no promociona bien sus obras, vale poco más que los materiales y la mano de obra invertidos en su creación. Este tipo de artista se llama ARTESANO. Al contrario un artista muy famoso puede vender obras a un precio mucho mayor. También cuando utiliza los mismos materiales del artesano. Entonces el tiempo del artista famoso vale más que el tiempo de un desconocido. Entre estos dos casos extremos, hay mucho espacio en donde puedas ubicarte como profesional. Se trata de aplicar estrategias que te ayuden a vender tus obras a precios más caros. Entre más conocido seas, más valen tus obras. Es por eso que no puedes dedicar tu vida solamente a producirlas. Tienes que saber venderlas. Por muy buenas que sean, nadie las comprará si tus estrategias de venta no son buenas y tu marketing es escaso. Necesitas que la gente te conozca y reconozca tu marca como artista. Sin embargo voy a explicarte cómo es relativamente simple crear un inventario que valga 104.000 dólares. Parece un número muy alto y ambicioso, pero es factible. Para simplificar la explicación haré el ejemplo de un pintor, aunque puede aplicarlo cualquier artista cambiando oportunamente los parámetros en base a su arte.

Empieza con producir las siguientes obras:

20 CUADROS MUY PEQUEÑOS a 400 USD cada uno = 8.000 USD.

20 CUADROS PEQUEÑOS a 600 USD cada uno = 12.000 USD.

10 CUADROS MEDIANOS a 800 USD cada uno = 8.000 USD.

10 CUADROS GRANDES a 1500 USD cada uno = 15,000 USD.

5 ENORMES a 3,000 USD cada uno = 15.000 USD.

1 GIGANTESCA o un DÍPTICO DE 2 ENORMES a 6.000 USD = 6.000 USD.

200 LITOGRAFÍAS o IMPRESIONES a 200 USD cada una = 40.000 USD.

Esto suma un inventario de 104.000 dólares por vender. Claro que tendrás que invertir por lo menos 5.000 dólares para los materiales y muchas horas de trabajo. Obviamente no estás obligado a crear todas estas obras, y podrás variar características, precios y cantidades, según la disponibilidad de tiempo y dinero que tengas. Hice este ejemplo con la finalidad de provocarte y al mismo tiempo mostrarte que hay formas bastantes simples para trabajar unos materiales y ponerlos a la venta a un valor de 104.000 dólares. No se hace de un día para el otro pero tienes que saber que es factible.

Lo hice también para explicar de forma sencilla, que lo que haces no vale mucho si consideras solo los materiales y el tiempo que inviertes. Tus obras valdrán estos precios solamente si impulsas tu carrera de artista con una estrategia comercial adecuada. De lo contrario nadie comprará tus obras a los precios que hemos indicado. Precios que te permitirán vivir cómodamente de tu arte. Los buenos artistas lo hacen y tú también puedes. ¡Anímate!

CAPÍTULO 8

HISTORIAS MOTIVADORAS PARA ARTISTAS

Hay muchas historias de artistas famosos, que durante su vida tuvieron que enfrentar problemas y dificultades enormes. Su inestimable talento no hubiera podido encontrar la forma de manifestarse, si cada uno de ellos no hubiera sido tenaz, determinado e inquebrantable. Su talento era tan grande así como la confianza que tenían en su arte. Nadie podía verlo de esta manera, menos ellos mismos. Esta fue la única cosa que permitió que el talento de cada uno de ellos, floreciera y quedara impreso en la historia del arte para siempre.

Puse estas historias motivadoras al final del libro, porque no quería interrumpir tu proceso de aprendizaje. Quise que leyeras todo en el menor tiempo posible, sin distraerte con otros temas. Decidí escribir estas historias al final, cuando ya todo los temas comerciales sobre las ventas han sido tratados. Estas historias son muy motivadoras y puedes leerlas cuando necesites una pequeña ayuda para recuperar un poco de motivación y entusiasmo. Disfrútalas e inspírate con ellas ya que son una gran fuente de energía que vas a necesitar constantemente a lo largo de tu carrera como artista.

El sueño de Walt

Es una bonita película que habla de la vida de Walt Disney, el cual por cierto, a pesar de su enorme fama e indudable éxito en su negocio, tuvo muchos problemas al principio de su carrera. Fue rechazado varias veces porque sus dibujos no parecían interesantes y fue acusado de no tener mucha fantasía. Sí, estoy hablando de Walt Disney, el cual está en la historia del cinema animado y de los comics no solamente gracias a su enorme talento. Adivina qué fue lo que lo impulsó hacia el éxito: La determinación y la constancia en trabajar duro, siempre confiando en sí mismo, sin perder la motivación cada vez que estaba en quiebra. Esto fue lo que lo ayudó a salir adelante, para que su talento hiciera el resto. No lo olvides, tienes que creer en ti mismo, intentarlo siempre una vez más, y no rendirte NUNCA. Esta es la única diferencia que hay entre las personas talentosas con éxitos y las personas talentosas fracasadas.

Vincent Van Gogh

Todos conocemos su nombre y hemos visto alguna obra suya en algún momento. Yo he tenido la suerte y el honor de visitar su museo en la ciudad de Ámsterdam en el año 2000 y quedé impresionado por sus obras. Aún recuerdo las emociones que sentí al estar parado delante de cada uno de sus cuadros. No entiendo todavía cómo nadie pudo emocionarse así durante toda la vida de Van Gogh. Nadie manifestó el interés que merecían, de hecho el pintor fue reconocido como grandísimo artista solamente algunos años después de su muerte. ¿Qué es lo que debería motivarte de la vida de él? Seguramente no su pobreza o sus problemas mentales. Lo que encuentro muy motivador es su determinación en seguir pintando y evolucionando su estilo, a pesar de que a nadie le interesaban mucho sus obras. ¿Cuántos artistas talentosos como Van Gogh decidieron rendirse y cambiar de trabajo? ¿Cuántas hermosas obras de arte nunca fueron creadas solamente por falta de determinación y perseverancia? Estas preguntas me las hago siempre, cada vez que pienso en artistas que siguieron su pasión y amor por el arte a pesar del fracaso económico de su vida. También pienso que muchos de ellos, si hubiesen vivido en la época de hoy, habrían podido contar con herramientas tan poderosas, que quizás su éxito hubiera llegado antes de su muerte y no después. Tú tienes estas herramientas a tu disposición y a precios baratísimos. Quizás no estés equipado ni con la décima parte del talento artístico de Van Gogh, pero puedes prepararte para vivir de arte y ganar mucho dinero vendiendo tus obras. Puedes vivir una vida mucho más cómoda y ganar mucho más que él. Nunca olvides estas ventajas, que muchos artistas antes que tú, no tuvieron la suerte de tener.

En búsqueda de la felicidad

Seré sincero, he visto esta película por lo menos 20 veces, y aunque no tenga nada que ver con el arte, te la recomiendo. Es muy bonita y te ayudará a motivarte cuando lo necesites. Su actor protagonista, Will Smith interpreta a Chris Gardner, empresario estadounidense que en los años 80 tuvo que enfrentar serios problemas económicos y un complicado divorcio. Vivió un año en extrema pobreza, durmiendo en la calle y cuidando a su hijo Christopher sin la ayuda de nadie. Probablemente no tendrás que pasar por estos problemas para sobresalir como artista, y seguramente tu ascenso hacia el éxito será menos dramático. Pero ve la película con atención y enfócate en la determinación con la cual el protagonista nunca se rinde delante de las dificultades que enfrenta. Fíjate también en los bonitos consejos que le da constantemente a su hijo. Piensa en la biografía de Chris y en esta película cada vez que creas que no puedes hacer algo, cada vez que quieras rendirte en los negocios. Estoy muy agradecido con todos los que colaboraron a la creación de este film. Para mí es una obra de arte y una infinita fuente de motivación y buena energía. Inmensamente grande el talento del productor y de todos los actores. ¡Gracias!

CONCLUSIÓN

Ahora sí, finalmente hemos llegado al final del libro. Lo escribí inspirado por mi enorme amor por el arte. Pasión que solamente cultivo como admirador y coleccionista. No pude ser artista ya que mis dibujos son tan malos que se podrían confundir con los de un niño de escuela primaria. Otra cosa importantísima que me mantuvo muy motivado mientras escribía, fue el deseo de ayudar a todos los artistas a empujar su talento. Quiero hacerlo con alcance global para que todos puedan aprender a VIVIR DE SU ARTE. Enseñarles paso a paso cómo vender sus obras a través de un libro, es la manera más rápida y económica que encontré. Trate de ser lo más preciso y sintético posible para evitar que tuvieras que leer páginas innecesarias. Está en mi naturaleza y en la de todos los negocios, llegar a un objetivo en el menor tiempo posible y con el menor gasto de recursos. El tiempo es el recurso más valioso que tenemos y no quise usar del tuyo, más de lo necesario.

Es un inmenso placer y un gran honor poder contribuir a realizar tus sueños, para que tengas una vida exitosa como artista y muy estable económicamente. Es muy importante saber que puedo apoyar tu crecimiento profesional. En el fondo de mi mente, yo también sueño con el arte, pero de forma diferente a la tuya.

GRACIAS por haber leído este libro, espero que lo hayas disfrutado y que te haya gustado mucho. GRACIAS por ser artista y regalarle bonitas emociones a las personas que admiran tus obras. GRACIAS por haber confiado en mí. Te deseo buena suerte y mucho éxito.

www.ingramcontent.com/pod-product-compliance
Lightning Source LLC
LaVergne TN
LVHW041853070526
838199LV00045BB/1573